【有故事的郵票】

日本昔話與俳句

王淑芬／說故事
阿力金吉兒／繪圖

遠流

目錄

一枚郵票是一隻可愛的小白鴿，
帶著我們的思念和祝福，送給遠方的朋友；
一枚郵票能變身成大大的魔毯，
載著我們飛到世界各地，欣賞不思議的故事——

老爺爺施了什麼魔法，木灰竟然變成櫻花？白鶴用了什麼材料，織出絕美錦緞？三公分高的小男孩，如何打敗大妖怪……？

——哇！太神奇了！
趕快從左邊的日本地圖，挑選喜歡的郵票和故事，找到頁數，
故事魔毯要起飛了，讓我們出發去吧！

白鶴報恩

請翻到第 24 頁

郵信小百科

這些信封上的
郵票不要剪

請翻到第 177 頁

郵戲動手做

郵票御守

請翻到第 183 頁

作者後記

寫俳句、
賞郵票

請翻到第 187 頁

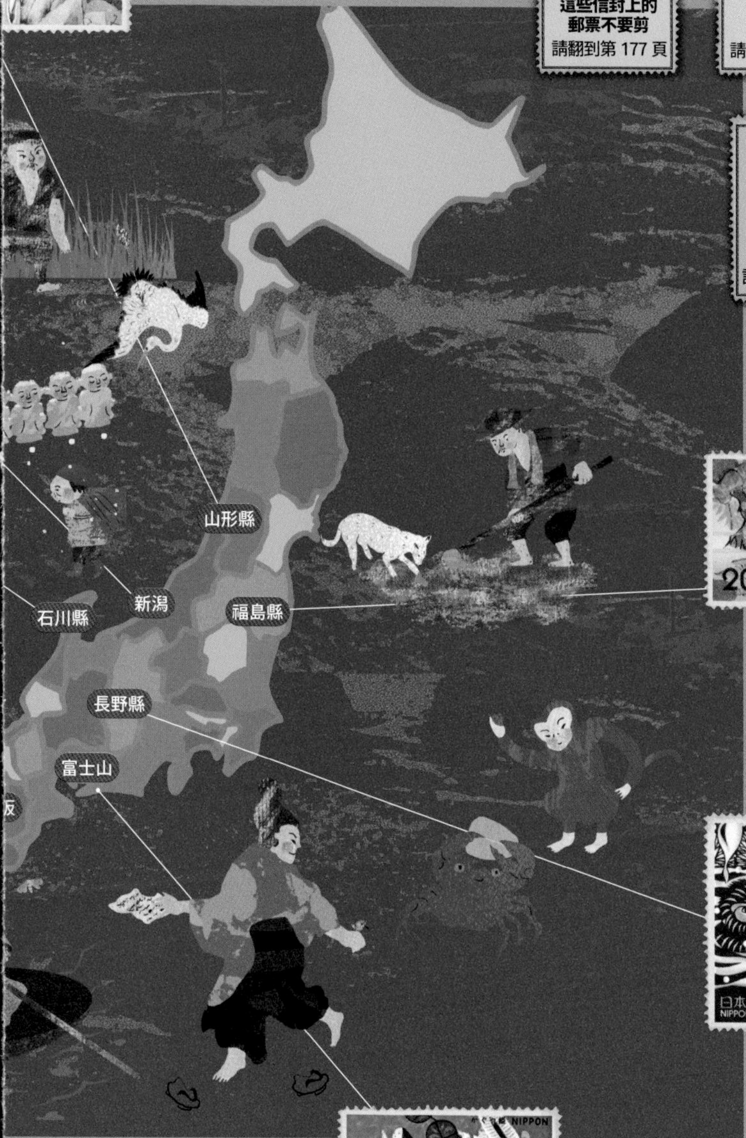

讓枯木開花的爺爺

請翻到第 7 頁

猿蟹合戰

請翻到第 159 頁

一寸法師

請翻到第 42 頁

竹取物語

請翻到第 60 頁

戴斗笠的
地藏菩薩
請翻到第 143 頁
老鼠的淨土
請翻到第 108 頁
浦島太郎
請翻到第 92 頁
丹後半島
岡山
四國
大
桃太郎
請翻到第 126 頁
兩個長瘤的爺爺
請翻到第 76 頁

讓枯木開花的爺爺

郵票上的小白狗說：爺爺，我會一直陪著你。

底圖：明治少年双六 / 巌谷小波 案；武內桂舟 画 / 早稲田大学図書館 (Waseda University Library) 收藏並公開上網。

枯木枯山水
靜靜守著善與美
四時皆春天

大清早，老奶奶出門前，老爺爺提醒她：「帶幾個年糕去，免得肚子餓。」

老奶奶想到廟裡拜拜，祈求神佛賜給老夫妻一點溫飽，老爺爺必須留在田地工作，不能同行。

天際一點一點的明亮起來，老奶奶覺得寒意也一點一點的散去。她心想：「我家老頭子雖然窮，心地卻很善良，明明只剩兩個年糕，還是硬塞進我懷裡。」想著想著，老奶奶微笑起來。

小廟前，幾個調皮男孩向一隻小白狗扔石子，可憐的小狗發出慘叫聲。老奶奶連忙跑過去，趕走男孩，遞出年糕，小狗熱情的舔著。她又摸摸狗兒，說：「跟我回家好了。」

老夫妻沒有孩子，平時日子倒真有點寂寞。

有了小白狗，老夫妻好開心啊！每當老爺爺回家，牠就高興的搖著尾巴，像個可愛的小孩。有時還會跟著爺爺到田裡，幫忙鬆土。

有一天，小白狗不斷發出低鳴，像在呼叫老爺爺，要他跟著走。走到了一塊荒地時，小白狗用力刨著土，老爺爺也一起幫忙。「我的天啊！地底下居然埋著許多黃金。」

老爺爺把黃金帶回家，奶奶說：「這一定是老天看我們太窮，特地派小白狗送來禮物。」他們決定購買豐富的糧食，分給鄰居，讓大家都能過個好年。

鄰居們個個睜大眼，雙手合

十，抬頭謝謝老天的賞賜。只有一個住在他們左鄰的老頭，懷裡拿著大包小包食物，心裡卻開始有壞念頭。

左鄰老頭趁老夫妻不注意，夜裡綁走小白狗，帶到荒地去。小狗兒根本不知道這個陌生人想做什麼，哀叫著被拖著走，到了荒地，便累得蹲下來。左鄰老頭連忙挖啊掘啊，卻不見什麼黃金，只有一些破碗的碎瓷片，還割傷他的手指。

「竟敢騙我！」他左踢小狗的肚子，右打小狗的頭。氣到昏頭的左鄰老頭，居然將小白狗打死了。

回家之後，左鄰老頭編了謊言，跑去向老爺爺告狀：

「昨夜你家的狗，發瘋似的闖到我家咬傷我。我跟牠打鬥許久，幸好打贏。」他伸出包紮的手指，要老夫妻負責。

老夫妻聽了，簡直不敢相信，邊道歉邊流淚。尤其老爺爺平時把小白狗當成自己的孩子，想到牠已喪命，更是嚎啕大哭。

老爺爺將小白狗抱回家，在後院挖了墳，埋起來。兩夫妻的淚水止不住的流，將凸起的墳都淋溼了。

幾天後，小白狗的墳上長出一棵大樹。老奶奶打開門要餵雞時，嚇了一大跳。老爺爺也走出門外，高聲說：「原來夢是真的。」

老爺爺說夜裡做了夢，小白狗請他砍樹做一個臼，用來磨好吃的年糕。

「小白狗還記得我們第一次見面，我給牠吃的年糕啊。」老奶奶又流下淚來，只不過這一次的淚是充滿美好記憶的淚。

木臼做好了，白米蒸熟了，老夫妻一人一槌的搗著。奇怪的事情發生了！木臼裡不但被搗出軟黏的年糕，還蹦出一塊又一塊的金幣。

「小白狗連在天上都記得我們，怕我們冬天沒錢買新棉被。」老夫妻把金幣撿起來，買了好幾床新棉被，再度分送給左鄰右舍。

左鄰老頭豈會放過這個魔法一般的木臼。他假裝好意的向老爺爺借走木臼，還保證：「我會多磨一份年糕送你們，以免你們搗得手痠。」

一進門，左鄰老頭便招來妻子，要她準備一個大布袋，好裝數不清的金幣。接著，他放入蒸熟的米，也開始賣力的搗。

「用力一點，再用力一點！」貪婪的妻子不但沒幫忙，還抱怨丈夫沒有使出足夠力氣，否則怎麼搗了半天，木臼裡一塊金幣也沒出現。

「有了！有了！」從木臼裡噴出許多小碎片。「哎呀，臭死啦！」是一些腐爛的木屑與樹葉，隨著左鄰老頭的搗聲，飛噴了滿屋子。

左鄰老頭認定這一切是老夫妻想騙他的把戲，於是把木臼踢到屋外，放一把火燒掉。

老爺爺聞到煙味，以為發生火災，趕忙跑過來。左鄰老頭又加油添醋的說：「你的木臼沒洗乾淨，都長蟲了，浪費掉我一袋好米。幸好我妻子將它燒掉，這些蟲子說不定有可怕的傳染病。」

老奶奶落下淚來，現在她知道左鄰老頭根本不是好人，只會破壞上天賜給的善意贈禮。她與老爺爺默默的將木臼燒完的灰燼，小心收攏進籃子裡，低頭難過的回家。

已經是冬天了，寒風陣陣吹著，路邊一棵棵枯木，也像冷得在風中發抖。老爺爺將籃子摟在懷裡，想起心愛的小狗，滿心的痛。正想舉起手擦掉眼淚時，一陣大風吹起籃子裡的灰燼，往所有的枯木飛去。

「去吧，去吧，我心愛的孩子。」老爺爺想像著小狗兒在樹下休息、跑跳。淚眼模糊中，他看見一整排枯木忽然開起滿樹的櫻花。

老奶奶也叫著：「小白狗讓枯木開花了啊，爺爺。」

他們沒注意，不懷好意的左鄰老頭也一直跟蹤著，想知道老夫妻家裡還藏著什麼法寶。

灰燼可以讓枯木開花？左鄰老頭眼神大亮，仔細的抓起落在地面的灰燼，抱在懷中快步回家。這一次，他可不會放過這個發財的好機會。他聽說城裡的大官來到郊區的庭園度假，如果讓庭園裡的冬日枯木瞬間開花，必定取得獎賞。

只是，當他好不容易說服大官，懷裡的灰燼可以施展魔法時，灰燼往枯木一撒，卻變成又臭又髒的塵土，落在所有人的頭髮與皮膚上，氣得大官命令人將這個騙子關進牢裡。

至於老爺爺，沿路走，沿路撒，回家的路上，群樹開滿美得像夢境一般的櫻花。老爺爺知道，小白狗並沒有離去，每一朵粉白的花瓣，隨著微風輕晃，就是小白狗搖著尾巴在說：「開花爺爺，我會一直陪著你。」

故事好郵趣

熟悉民間故事的讀者，一定覺得本篇故事跟臺灣的〈賣香屁〉部分情節類似；其實民間故事通常會以加入寓意的內涵，提醒大家多多行善，不要心懷貪念。所以不論哪個地區，都可能出現類似的傳說。

這篇故事在日本十分知名，被列為「江戶時代的五大童話」（西元一六〇三年至一八六七年稱為「江戶時代」）。五大童話分別是：〈桃太郎〉、〈剪舌麻雀〉、〈咔嚓咔嚓〉、〈猿蟹合戰〉與〈花咲爺〉（本篇故事的日文名稱）。日本知名的動漫《妖怪手錶》中也有「花咲爺」這個角色呢。

本篇故事也被改編為童謠「花咲爺爺」，由石原和三郎作詞，田村虎藏作曲。這首童謠後來傳至臺灣成為「加油歌」，歌詞前兩句是：「太陽在天空發出微笑，歌聲優美國旗飄揚。」說不定許多讀者童年時都唱過。

日本在一九七三年發行過這個故事的郵票，一套三枚（圖1-1）。日本紀年採用天皇年號，所以郵戳上的數字表示：「年號、月、日」。以圖中這套首日封為例，郵戳上的數字

圖1-1　1973年發行的「花咲爺」郵票首日封，由杉本健吉原畫，渡辺三郎美術構成。（王淑芬收藏）

「48・11・20」，指的就是昭和四十八年（西元一九七三）十一月二十日。所謂的首日封，是指在郵票發行首日，把新郵票貼在信封上，銷蓋發行首日的郵戳，這個郵品就稱為首日封。

到了二〇〇八年發行「卡通日本昔話」郵票時，當中也有兩枚「花咲爺」（圖1-2），票面圖案都有冬日櫻開滿樹的美景。故事裡讓枯木開花，也許有著「不論多老，都能在人生中，因好事而得到重生的力量」之意，讓人充滿希

圖1-2　2008年的卡通日本昔話郵票中的「花咲爺」。（王淑芬收藏）

望。

有人考據這個故事原型，可能和日本東北地區「讓鵝從灰燼中重生的爺爺」故事有關。二〇〇六年發行一套六枚「東北之櫻」郵票（圖1-3），介紹了東北六縣的美麗櫻花，包括在核災中受創的福島。看著福島的櫻花郵票，讀這個故事格外有感。

圖1-3　2006年以東北之櫻爲主題的郵票，上排中間這一枚是福島的櫻花美景。（周惠玲收藏）

白鶴報恩

郵票上的白鶴女子，感恩著寒冬裡的溫暖。

絲絲與線線
織出滿天光與亮
飛翔啊飛翔

冬日裡，看出去的世界，盡是白茫茫一片；老爺爺縮著脖子、搓搓雙手，希望讓身體暖和一些。為了到市場買米，在寒冬裡也得出門。雖然省吃儉用，昨日晚餐後，米缸卻已經空了。

「好冷。」老爺爺裹緊衣服，嘴唇開始顫抖。「加快腳步到市場吧。」才這麼想，便聽見路邊的草叢裡傳出奇怪的聲音。

老爺爺快步走到聲音來源處，撥開草叢，看見一隻白鶴痛苦萬分的躺著，身上還插著一支箭。

「好可憐！」老爺爺猜想，這隻鶴應該是正準備飛往南方過冬，卻不幸被箭射中。哪個殘忍的獵人，竟加害這麼美麗的動物呢？老爺爺連連嘆氣，抱起受傷的白鶴，跑去找村裡的

醫生求救。幸好醫生包紮之後，白鶴便睜開眼睛，看來沒事了。

老爺爺小心的抱起白鶴，將牠帶到一個溫暖樹洞裡，還摘了些植物的莖給牠當食物。爺爺說：「好好休息，養好傷口，快點飛去找同伴吧。」

白鶴眼神清亮的看著老爺爺，像是在說謝謝。老爺爺雖然付了醫藥費，沒錢買米了，心裡卻十分快樂；從前常聽父親說：「為善最樂。」看來是真的。

回家後，老爺爺把解救白鶴的經過，生動的敘述給老婆聽。老奶奶也點頭說：「沒錯，救一條命比什麼都重要。」

兩個人都同意，少吃幾餐飯沒關係啦。

三天後，有人敲門。一打開，是位年輕的姑娘，臉兒白，嘴兒紅，小聲的說：「老爺爺、老奶奶，我住在鄰村，家人都離開了，一個人住有點孤單，可以讓我借住幾天嗎？我能幫忙做家事。」

老奶奶可開心了，沒有孩子的她，才覺得孤單呢。「請進請進，別著涼。」

老爺爺看著女孩清亮的眼睛，也說：「沒問題，想借住多久都行。」

小姑娘非常勤快，隔天起床後，便煮飯洗衣，還躲在房

間裡不知道在忙什麼。兩個小時過去，她走出房門，遞給老爺爺一塊布。

「這是哪來的？」老奶奶驚訝的撫摸著這塊布。與其說它是一塊布，倒不如讚美它是老奶奶這輩子見過最綺麗的一塊織錦；深藍底色像是一片寬闊的海洋，上面一卷卷的白色線條，像是一道道波浪。小小姑娘原來是位織布高手，而且還是設計大師！

小姑娘解釋：「我看見房裡有織布機，便用了一點材料織成布。爺爺您拿到市場去賣吧，再買點食物回來。」

沒想到老爺爺一拿到市場，攤開布匹，便有人上前詢問：「這塊布太美了，而且摸起來好柔細。我買！還有嗎？」

老爺爺將賣得的錢買了米與魚肉，趕快回家報告這個好消息。那天晚上，三個人吃飽後，爺爺還說：「今天市場的顧客問我，還有沒有布可以買？」

「有的。」小姑娘抹抹嘴，微笑著說：「等一下我進房再織一塊布。對了，為了織得精細一點，每個步驟都不能出

錯，你們千萬不要進我房間。我如果分心織錯，就浪費材料了。」

老爺爺連連點頭，也同意：「別人專心工作的時候，去打擾他，太沒禮貌啦。」

老奶奶瞪老爺爺一眼：「我專心炒菜的時候，你總是躲在我背後，忽然偷夾一口，有沒有禮貌啊？」

三個人都哈哈大笑。

夜深了，老奶奶收拾好餐具，聽見小姑娘房裡傳來織布機忙碌的聲音，有點心疼。她走到房門口，想叮嚀女孩早點休息。又想起小姑娘曾說不要打擾她，便進房睡覺了。

第二天起床，老奶奶看見客廳桌上放著一塊布，再度驚訝得說不出話來。這塊布，是黝黑的天空，閃著點點星光。整塊布散發出一種光澤，像是貝殼上那種淡淡的、隱約的、卻在陽光下閃著高雅精緻的亮光。

老爺爺也被這塊極其華麗的織錦嚇到了，直呼：「這是貴族家才見得到的上等布啊！小姑娘，你真是太厲害啦。」

老爺爺與老奶奶都猜，小姑娘應該出身織

布世家，這種需要高度技巧的工夫，真讓人欽佩。

這塊布當然又換得許多糧食，老爺爺還買了新的棉衣，希望一家三口都穿得暖。

雖然小姑娘技術高超，可是，老爺爺心裡有許多疑問：「織布的材料哪裡來的？」老奶奶倒比較輕鬆，說：「應該是她隨身帶的吧。我們不懂織布，別瞎猜。」

一段日子過去，靠著小姑娘的幾塊優美錦布，老夫妻未來幾年的米糧應該不缺了。但是每晚聽著房裡的織布聲，老爺爺的好奇心一天比一天更加強烈，他實在無法想像，用什麼材料能織成如此高級的布？

再加上小姑娘雖然整天跟夫妻倆說說笑笑，可是，明顯的愈來愈瘦。老奶奶認為是她冬天胃口不佳，老爺爺卻有不同想法。

有一晚，當織布機再度響起，老爺爺決定採取行動。他告訴老奶奶：「我要在紙門上戳個洞，搞清楚小姑娘到底用什麼織布、用什麼耗費力氣的方式工作？看她逐漸消瘦，我實在不忍心。」

老爺爺果真這樣做了，只是，當他透過紙門上的小洞望進房內時，卻看到讓他終生難忘的景象。

一隻白鶴拔下身上僅剩不多的潔白羽毛，以植物染料染色，放在織布機上，抽著絲，再絲絲縷縷織成布。白鶴的雙眼疲倦卻清亮，正是老爺爺熟悉的眼睛。

老爺爺淚流滿面，推開門，大喊：「白鶴啊，你別再傷害自己了！」

老奶奶也哭著說：「我們不要你這樣的報恩方式，你是我遇見最美好的禮物，這樣已經足夠了。」

白鶴收攏起翅膀，變成小姑娘，也紅著眼說：「謝謝爺爺救我一命，我們的緣分也該了結了。明天我的同伴將返回家鄉，我會與他們一起歸去。」

白雪紛飛，但是冬日裡也有暖陽照著大地。老夫妻握緊女孩的手，彼此都知道永遠不會忘記這段日子。

「再見！一切小心。」白鶴展翅高飛，老爺爺與老奶奶的溫柔叮嚀，也回響在天邊。

故事好郵趣

許多地方都有動物報恩的故事流傳，一來是因為人與動物在生活中本就關係密切，二來人類對動物友善，動物便能回饋報恩，也在提醒我們，所有生命都是共同體，都該互相關懷。

據說白鶴報恩的情節，早在中國唐代便有類似的寓言。故事中的主角，有些版本是老夫妻（白鶴化身為女兒），有些是年輕男子（白鶴化身為妻子）。總之都是成為一家人，有著「萬物同根生」的概念。

日本的白鶴報恩故事，發源地是山形縣南陽市。市內的「夕鶴之里」資料館除了有解說員搭配影片說故事，也有織布體驗；此外「鶴布山珍藏寺」亦有相關收藏。一九七四年發行這個故事的郵票，一套三枚（圖2-1）。二〇〇八年的卡通日本昔話郵票中也有兩枚（圖2-2）。前一套的圖案以白鶴為主，設計者顯然著重在白鶴雖然化

圖2-1　1974年發行的白鶴報恩郵票，由堀文子原畫，渡辺三郎美術構成。（周惠玲收藏）

為人形，但仍然心心念念自己的同伴。後一套則重點在老夫妻對白鶴離去的百般不捨。同樣的故事，藝術家有不同解讀觀點；讀故事的我們，也可以想想自己對這篇故事的看法。

故事中白鶴織的錦布之所以能在市場賣到好價錢，是因為日本的和服常以講究的布料製作。二〇二一年為紀念郵局創業一百五十週年，重新發行

圖2-2　2008年發行的動漫系列的白鶴報恩郵票。（王淑芬收藏）

的「回眸麗人」（圖2-3），票面上的和服圖案好華麗，故事裡的白鶴，就是織出這麼美的布吧。

圖2-3　2021年紀念郵局創業150週年重新發行「回眸麗人」。（王淑芬收藏）

一寸法師

郵票上的一寸法師，面對巨大惡魔卻毫不畏懼。

一個小願望
但願世界寬與廣
容得下勇敢

氣派豪華的宮殿裡，住著皇家貴族。貴族們平日生活當然奢華無比，但是也有著一般人無法體會的心情，比如年紀輕輕的公主，明明不愁吃穿，為什麼望著寬闊庭院，卻連連嘆氣呢？

「因為宮中生活太無聊了！」公主嘟起嘴，小聲向服侍她的僕人抱怨。僕人心想：「我真希望跟你交換人生啊。」

然而，他也有點同情公主，儘管出身富貴，但不能任意行動，難怪公主覺得無聊。

所以，當宮殿門外來了一個出乎意料的訪客，僕人們馬上偷偷的將這位訪客帶到公主面前，想逗她開心。

公主見到這位訪客，果真低下頭，滿臉不敢相信的表情，笑咪咪的問：「你是真人，還是神仙啊？」

眼前站著的，是大約只有一寸高的男孩，不過，他的頭卻抬得高高的，一臉威風。他的腰間插著一把用針做成的武士刀，刀鞘是一根中空的麥稈。手裡還拿著一支筷子當木杖，頭上則戴著一個碗。

一寸男孩精神飽滿的回話：「我是一寸法師，來自鄉間。你又是誰？」

公主大笑出聲，這是她第一次遇見不怕皇族威嚴的人，太有趣了。於是，她邀請一寸法師住下，和她作伴，說故事給她聽。

「我啊，是神社送給我父母親的喲。」男孩開始自我介紹。「我的父母年紀很大，卻一直沒有孩子。母親每天都到

神社去虔誠的祈求，有一天，神就把我放在神社，讓母親帶回家。」

原來是神社賜與的孩子啊，難怪被命名為一寸法師。

「我雖然小，志氣可不小。」一寸法師取出武士刀，在空中比畫著。「我的動作敏捷，反應很快，可以在公主身邊保護你。」

公主點點頭，愉快的答應：「歡迎你來擔任我的護衛。對了，你是怎麼到京城的？」

「我完全靠自己！」一寸法師再度將下巴抬得高高的，神氣的說：「我決定到京城來學習更多知識與技能，所以拜別辛苦養育我的父母。」

他描述著，一路上遇到陌生的路，便詢問螞蟻、蝴蝶；必須渡河時，就把頭上戴的碗當作小船，木杖當槳。他努力划啊划啊，可是卻迷路啦。

公主緊張的問：「怎麼辦？」

沒事沒事，河裡的小魚在小船邊指引方向，還為一寸法師加油打氣。

就這樣，終於來到京城。

來來往往、擁擠的人潮，讓一

寸法師看得眼花撩亂，搞不清楚方向，有幾次還差點被踩到呢。

「哎呀，小心！」公主聽得入神，摀著嘴驚呼。「你應該要找到路標，看到路名，便知道方向。」

但是有個大問題：一寸法師沒有機會上學、不認識字啊。

一向覺得日子過得很無聊的公主，再也不無聊了。她像個熱心負責的家庭教師，每天教一寸法師讀書寫字。

一寸法師學習能力很強，很快就能自己閱讀，還寫得一手好字。只不過，他寫的字好小好小，公主於是想到一個解決方案。

「來，把筆當成掃把。」

一寸法師拿著小楷毛筆，蘸了墨水，像掃地一樣，在地板上的白紙掃一撇、畫過來、勾過去，一首字跡優美的詩完成了！

公主喜歡聽一寸法師講他的成長經歷，因為不但與皇族的不同，跟普通人比，也完全不一樣。有一次，一寸法師跟一隻蛤

蟆大戰，幸好刀法高超，把那隻嘴巴寬闊的敵人趕跑；公主聽了，拍拍胸脯，彷彿自己的面前也有隻巨大的怪獸在攻擊她。

一寸法師講起故事特別生動。更何況，他們還可以聊書、聊宮裡收藏的名畫。公主現在的生活精采得很呢。她無法想像從前沒有一寸法師作伴的日子，是怎麼度過的。

這一天，公主與大批隨從必須出門到神社參與祭典，一寸法師坐在公主和服腰帶裡，也一起出發。途中經過一座樹林，忽然刮起狂風，隨從被風沙傷了眼，還被吹得東倒西歪，一個個跌在地上。

大樹後出現可怕的巨妖怪，嘴邊流著臭氣沖天的口水，口齒不清的說：「好餓好餓，我要吃掉你！」

妖怪伸出手，打掉轎子的布簾，想抓公主。一寸法師反應快，馬上跳出來，撿起地上的石塊，打中妖怪。

妖怪轉身想對付一寸法師，大腳高高舉起，重重踩下，但是一寸法師早就跳開了。於是，妖怪轉而抓起他，張開大嘴，沒想到，一寸法師不但沒有躲開，居然主動跳進妖怪的大嘴內。

他避開大嘴裡那幾根尖銳獠牙，直接從寬鬆的食道滑進妖怪的肚子裡。再取出母親為他製作、十分銳利的武士刀，往妖怪肚子內壁用力戳刺。

「痛死啦！」妖怪一陣噁心，把一寸法師吐出來，抱著肚子哀叫。一寸法師又迅速跳到妖怪鼻子上，往他的眼睛刺去。「唉呀唉呀！」慘叫聲不斷的妖怪認輸逃跑了。

狂風隨著妖怪離去也停止了，公主走出轎子外，關心的問：「你有受傷嗎？」

一寸法師正站在一支奇怪的槌子上，搖頭說：「我沒事。不過，這把槌子是從妖怪的口袋裡掉出來的，不知道有何特別。」

讀過許多書的公主連忙拿起槌子，驚喜萬分的說：「難道這是傳說中，能夠滿足真心說出願望的希望之槌？」

於是，她抱著槌子，閉上眼，誠心的說出她心中最大的願望：「神啊，拜託您讓一寸法師變高，他值得的。」她把槌子交給一寸法師，請他自己再說一遍；兩個願望加起來會讓法力更強。

大家都緊張的低頭看著、等著。一寸法師沒料到公主最大的願望是為了自己，心中十分感動。而感動之中，更讓他感謝的是，果然這真的是希望之槌，他以槌子輕敲著頭，瞬間往上長，長到比公主還高。

一寸法師應該改名字啦！

故事好郵趣

所謂的「一寸法師」意思就是一寸的人。不過，你會不會好奇，故事裡的一寸到底是多高？

根據考據，大約三公分吧。三公分能打敗巨大身高的赤鬼，這當然只是一種誇張的寫法。不論是安徒生筆下的拇指姑娘，還是格林童話中的大拇指湯姆，比平常人矮小的主角成為童話裡的英雄人物，他們的故事總是以冒險情節居多，或許是對弱勢者的鼓舞。

一寸法師較為人熟悉的版本，源自《御伽草子》（日本室町時代的大眾文學，室町時代是一三三六年至一五七三年）。《哆啦A夢》

裡，也曾出現「願望槌」，便是出自〈一寸法師〉的典故。至於在大阪道頓崛的「一寸法師大明神神社」，號稱是日本最小的神社呢。

日本一九七四年發行過一套三枚的一寸法師郵票（圖3-1），最後一枚的圖案是長高的主角，與對他十分友好的公主對望，好像都在

圖3-1　1974年發行的一寸法師郵票，由瀧平二郎原畫，大塚均美術構成。（周惠玲收藏）

說：「我們的夢想成真了。」而在二〇二〇年為了紀念哆啦A夢連載五十週年，所發行的兩套懷舊風哆啦A夢郵票，也像在對「昔話」致敬。

「昔話」是日文的漢字，指的就是往昔的故事，也就是發生在很久很久以前的傳說故事，而在哆啦A夢的故事裡，常借用「昔話」元素呢。

日本也重視民間信仰，所以昔話中常出現神社，比如故事中的公主到神社參拜。一九九四年發

圖3-2　1994年島根縣所發行的出雲神社郵票，銷戳完整蓋在票面上，稱爲牛眼戳或滿月戳。（王淑芬收藏）

行的出雲神社郵票，正中央被蓋上完整的圓形戳印，集郵人士稱之為「牛眼戳」（圖3-2）。

竹取物語

郵票上的公主啊，返鄉路上會想念誰？

月光是承諾
一遍遍說著想念
我永遠記得

銀白月光，像一件大衣，蓋住夜晚大地；世界裹著這件溫暖大衣，靜靜的沉睡。

只有一個老爺爺，正趁破曉之前，想在竹林裡尋找嫩竹。他的老婆會以竹片編成籃子，加上老爺爺採的竹筍，一併拿到市場去賣。老爺爺彎著腰，雖然全身痠痛，但為了生活也只能咬牙撐著。

咦，前面哪來的亮光？老爺爺跑向前，只見地面有根發光的矮竹，他撥開一看，竹筍中躺著一個迷你小女嬰。

「太可愛啦。」老爺爺為這個全身發出柔和光芒的小女嬰著迷，根本沒多想，便快步抱回家。老奶奶一見到，也同樣讚嘆連連的說：「這是竹林大神可憐我們沒孩子，送給我們的吧？」

老爺爺說既然是從竹子取出的，就應該叫「竹取」；老奶奶則說：「也可叫她輝夜姬，美麗的女孩，把暗夜都照得光輝。」

更令兩人驚奇的是，三天後，輝夜姬便長成會走路的孩子，跟著老爺爺到竹林工作，指引他找到藏著黃金的特異竹筍；此後一家三口便過著舒適的生活。三個月後，輝夜姬長成大人，粉嫩的臉龐，優雅的舉止，不但語調溫柔，還很有學問，對很多事情都有獨到的看法。

　　老爺爺偷偷對老奶奶說：「雖然不知道我們家女兒的真實來歷，

但一定要找到最配得上她的丈夫。」

輝夜姬卻搖頭拒絕：「我不想嫁人。」

「這怎麼行！女孩不嫁人，誰來養你、保護你？」老奶奶勸輝夜姬。

輝夜姬笑了：「我有能力照顧自己。」但是老爺爺還是認為，既然已經到了結婚年齡，就該好好選個女婿。

由於輝夜姬的美貌與氣質遠近馳名，一聽說老爺爺要找女婿，皇家貴族都心動了。其中有五位貴公子直接登門拜訪，表明自己最有資格。只是，輝夜姬仍然不感興趣。老爺爺說：「最好不要得罪這些有錢有勢的人啊！」

為了不讓養育有恩的老爺爺為難，輝夜姬想出兩全其美的辦法。她對五位求婚者說：「顯然我只能嫁給一個人，你們各有一項任務，誰先完成便有機會成為我的夫婿。」

第一項任務：到遙遠的天竺國，取得佛祖的珍貴石缽。

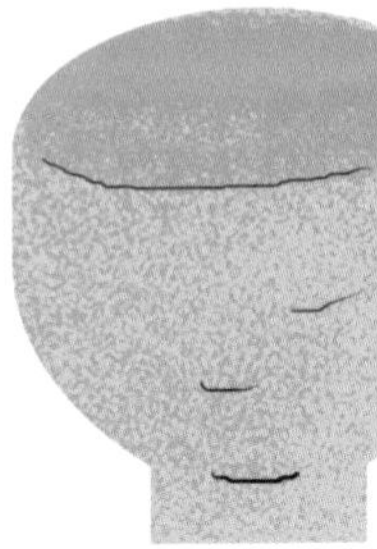

第二項任務：到傳說中的蓬萊山，摘取珍奇的「銀樹根、金樹幹、玉枝與玉果」樹上的一根玉枝。

第三項任務：取得中國寶貴的「火鼠裘」，這種毛皮大衣不但可以保暖，還能防火。

第四項任務：摘下鑲在龍頭上的一顆夜明珠。

第五項任務：燕子會生下十分稀有的「安產貝」，請到燕窩中取得。

聽完五個人的任務，貴公子們並沒有被嚇退，還一派輕

鬆的說：「這太容易了。」

輝夜姬心裡一震，有點擔心。她想：「我故意出這種難題，是因為世界上根本沒這些東西。這幾個人卻沒被嚇跑，是故意逞強，怕被另外四個人瞧不起，還是他們真的找得到？」

為期一年的尋寶任務，誰先達到目標，誰就能將輝夜姬娶回家。這件事轟動了全國，連住在深宮大院的皇上都知道了。

「天底下真有這麼美麗的人，讓五位貴族傾全力拚命？」皇上派手下大官去打聽，知道傳言屬實後，竟然覺得自己才是唯一有資格再娶一個妻子的人。

只是，更讓皇上驚訝的是，把輝夜姬迅速送進宮的命令，居然被她拒絕了。

皇上從來沒遇過這種事，有人敢對他說「不」，簡直氣得跳腳。不過，輝夜姬懂得如何解決問題，她並沒有直接否定，反而寫了一封動人的信，大意是說：「我們可以先當筆友，藉著通信，增進彼此了解。因為了解，才能確定彼此適不適合在一起。」

皇上覺得新鮮，也覺得有道理，真的提起筆，回信給輝夜姬呢。

至於想完成不可能任務的五個人，其實心裡各有詭計。

第一個人請僕人在市場買到石缽，再抹上黑灰，假裝是年代久遠的古董。拿到輝夜姬面前時，她只微微一笑，以手指抹掉黑灰，便拆穿這個謊言。

第二位倒是花了不少心思，請工藝師以上等玉石，雕出一根晶瑩的玉枝。拿給輝夜姬看時，她皺起眉頭，不知該如何判定是否真的是「蓬萊玉枝」。不料門外闖進幾個工匠，

大呼：「說好的工錢呢？請快付錢。」也被拆穿了。

「中國火鼠裘」摸起來雖然又光滑又暖和，像是罕見的大衣，只是一丟入火中，便燒個精光，確定是冒牌貨。

至於神龍頭上的夜明珠，想取得的那位貴公子，意氣風發的出海尋寶，卻遇到可怕的大浪，只能恐懼的誠心懺悔：「神啊！對不起，我不該如此自大，想搶奪神龍寶珠。」風平浪靜後，乖乖的回家。

至於傳說中最特別的燕子肚子裡珍藏的「安產貝」呢？那位貴公子伸手在燕窩裡掏啊抓啊，只得到一塊硬掉的燕子糞便。

總算勸退所有想娶輝夜姬的貴族，她繼續與皇上通信。經過一段時間，發現兩個人很聊得來，成了感情很好的朋友。

三年之後的八月十五日，月亮發出無比閃耀光輝，從雲端飛下一群仙子，帶著一件羽衣，對老夫妻說：「我們來迎接月宮的公主回家。」

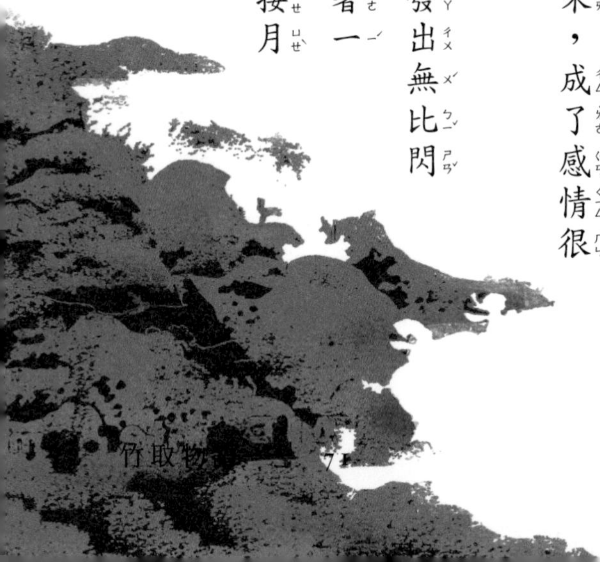

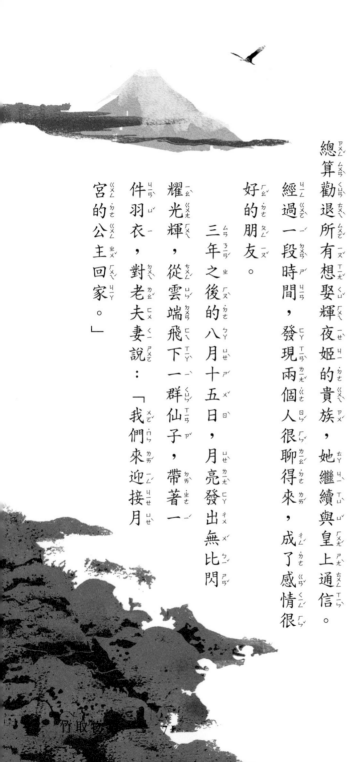

就算早有心理準備，老夫妻依然不捨。但是輝夜姬不是凡人，她有她的命運。她向老夫妻拜別，請他們轉交最後一封信給皇上，便穿上羽衣，隨著月宮裡的人飛返天上了。

給皇上的信中，附著一瓶長生藥，是輝夜姬為了感謝這段美好的情誼。但是人已不在，獨留自己永生不死有何意義？皇上感傷的請人將信與藥帶到最高的山頂焚燒。

縷縷白煙能升至月宮嗎？此後這座山便稱為「不死山」，也就是富士山。

故事好郵趣

常在日本文學中見到「物語」二字，意思是「故事、傳奇」；日本最知名的物語應該是《源氏物語》，它是世界上最早的長篇寫實小說，二〇〇八年發行了這部小說的千年紀念郵票（圖4-1）。

不過，日本最早的物語，則是本篇故事，它又名《輝夜姬》。原始作者已經無法確認，但一般猜測可能並非皇族，因為故事中並不認同皇家權威，你覺得有道理嗎？又因為主角最後歸返月亮，所以還有人把她跟中國神話裡的嫦娥相比，她們可說是月宮裡的仙女姐妹吧。

竹子是日本祭典上常見的道具，清淨又象徵堅韌生命力，符合故事中公主的意象。日本的富士山，曾名為「不死山」，據傳中國秦始皇想求得長生不死，派徐福至海外求藥，也曾落腳富士山，讓這座名山更添神祕感；日本多次發行過富士山郵票（圖4-2）。

人應該永遠不死嗎？這篇故事中的皇上做出不同選擇，也頗有意思。日本一九七四年（圖4-3）與二

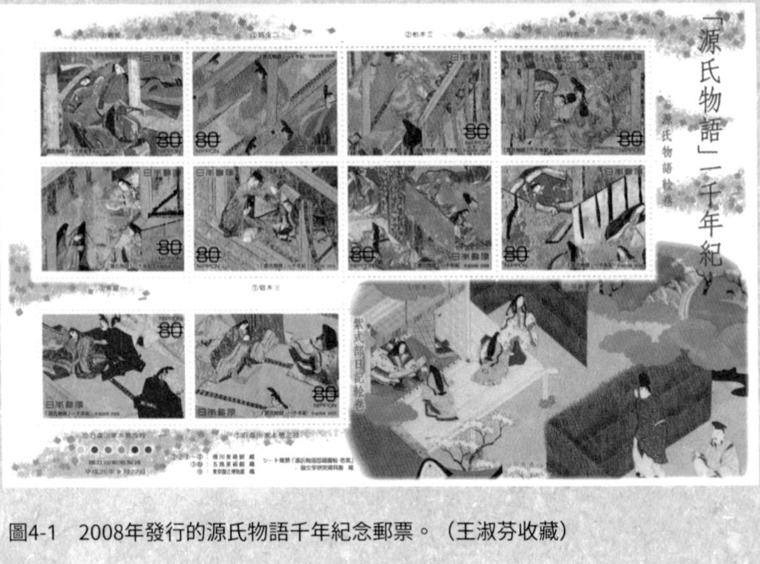

圖4-1　2008年發行的源氏物語千年紀念郵票。（王淑芬收藏）

〇〇八年（圖4-4）都發行過「竹取物語」郵票。

圖4-2　1929年發行的富士山郵票。（王淑芬收藏）

圖4-3　1974年發行的竹取物語郵票，由森田曠平原畫，菊地吉晃美術構成。（周惠玲收藏）

圖4-4　2008年發行的竹取物語郵票。（王淑芬收藏）

兩個長瘤的爺爺

郵票上的左右爺爺，到底誰比較幸運？

快樂是什麼
有也好沒有更好
自在的舞蹈

山邊村子裡住著各式各樣的人，高矮胖瘦都有，但是最引人注目的還是左瘤爺爺與右瘤爺爺。

「真討厭！什麼左瘤爺爺。」左邊臉頰長著一個橘子般大小肉瘤的老爺爺翻翻白眼，滿臉怒氣的對右邊臉頰也長著肉瘤的老爺爺抱怨。

說來真湊巧，兩個爺爺住得近，面貌雖不盡相同，卻一左一右各長著肉瘤，難怪村子裡的人都喊他們「左瘤爺爺」、「右瘤爺爺」。

右瘤爺爺個性比較溫和，常約左瘤爺爺到村子旁邊那座神社的鳥居附近散步，然後坐在小廣場的石椅上喝酒聊天。

右瘤爺爺喝一小口酒，勸左瘤爺爺：「人的外貌是天生的，別煩惱啦　我跟這顆肉瘤已經共

處一輩子，一天沒摸摸它，還不習慣呢。」

左瘤爺爺又翻了翻白眼，也喝一口酒，罵著：「上天給我這張臉，真不公平！害我不論什麼事都做不好。」

左瘤爺爺換過好幾個工作，都不太順利，他老覺得別人都以異樣的眼光輕視他。雖然他的老婆曾經鼓起勇氣提醒他：「老爺，你應該練習跟別人好好相處，別動不動就發脾氣……」

話沒說完，左瘤爺爺便又發起脾氣，還將手中的碗往地上一扔，嚇得老奶奶不敢再說什麼了。

右瘤爺爺倒是沒把自己的怪長相放在心上，有時還笑嘻嘻的摸著右臉頰的肉瘤，對眾人說：「我家小瘤啊，是生來陪我的，它最願意聽我說心事了。」逗得所有人也笑開懷，還跟著去摸摸他臉上的肉瘤，說：「小瘤，你好。」

這一天，右瘤爺爺上山去砍柴，砍得正起勁時，居然下起傾盆大雨。右瘤爺爺連忙跑到山中一座小廟躲雨。只是，這陣雨下得可真久，久到老爺爺忍不住打起呵欠，最後還睡著了。

「嘿呦嘿呦嘿砰砰……」

哪來的吵鬧聲？右瘤爺爺揉揉眼，伸伸懶腰，這一覺睡得真香甜。往外一看，不得了！天都黑了。而且，小廟門外吵得很。

深山夜裡，誰會在這裡跳舞歡唱、吵翻天？

右瘤爺爺小心翼翼的躲在門後，只探出頭，看到門外的景象，可把他嚇壞了。

一群紅臉、黑臉、青臉的妖怪拿著酒杯、木槌等，圍成歪七扭八的圈圈，跳著腳步凌亂的舞。雖然山中遇到妖

怪有點恐怖，但是看來最好不要衝動的往外逃，還是先躲一下；右瘤爺爺心裡這樣想。

妖怪們又繼續唱著跳著，平時也喜歡唱唱跳跳的右瘤爺爺聽著聽著，右腳跟著打起拍子。接著又聽到一首自己十分熟悉的歌謠時，簡直熱血奔騰，這首是他年輕時最喜愛的歌啊。

右瘤爺爺瞇起眼睛，回想年輕力壯時，神采飛揚，跟朋友可以整夜不睡，喝著清酒，在月光下大聲唱歌，跳著自編的舞。多麼無憂無慮的年少好時光！老爺爺想起往事，快樂的跟著哼歌跳舞。

不但如此，老爺爺還跳到忘我，不知不覺的走到了門外；當時月光下，年輕的歲月啊。

妖怪們起初沒發現多了一位歌舞同伴，直到右瘤爺爺的歌聲高亢起來，大家不自覺跟著唱；老爺爺還走進圓圈裡，跳著節奏輕快的舞，舞姿輕巧又好看，妖怪觀眾看得都拍起手來。

「好哇！真好看，真好聽。」右瘤爺爺聽到掌聲與讚美聲，跳得更有精神了。

一個紅臉妖怪問：「明天你還來嗎？可以教我們跳更厲害的舞嗎？」

右瘤爺爺突然清醒過來，心噗通噗通跳得好快，想著：

「我竟然跟妖怪開起熱鬧的同樂會？」

有個青臉的妖怪大吼：「說好了喔，明天再來唱歌跳舞。」然後，大手往老爺爺的右臉一抓，把肉瘤抓下來，塞進腰間隨意綁的一條毛皮腰帶，便轉身離開；一面高呼：

「留著你身上一個東西，明天你來才還給你。」

當所有妖怪離去，右瘤爺爺摸摸平滑的右臉頰，確定自己不是在做夢，便快步下山，趕著去跟大家報告這個奇遇。

「什麼？竟然被你遇到難得一見的摘瘤妖怪！」左瘤爺爺聽到右瘤爺爺的奇妙故事，又看到他的臉頰變得光滑，忍

不住發起脾氣了。「為什麼你昨天沒找我上山？為什麼知道有這等好事，沒立刻下山通知我？」

村子裡的人都掩起嘴偷偷笑著，想看接下來的好戲。幸好右瘤爺爺修養很好，沒被這種無理取鬧的問話惹怒，倒是坦白的告訴左瘤爺爺：「今晚還有機會，妖怪們邀請我再到相同的地點唱歌跳舞。」

左瘤爺爺的老婆聽了，便提議：「不然，換我家老爺去吧。說不定有機會讓妖怪也摘掉他的肉瘤。」

「還需要你囉唆嗎？」壞脾氣的左瘤爺爺狠狠的瞪老婆一眼，便命令右瘤爺爺今晚不准上山，換他去。「反正妖怪一定笨得很，分不出來誰是誰。」

右瘤爺爺非常滿意這種安排，他根本就不想再見到紅臉青臉的妖怪啊。

黃昏時，左瘤爺爺便上山，一樣先躲到小廟裡。他吃著老婆準備的飯糰，邊嚼邊抱怨：「米煮得太硬了，難吃！」不過，他還是吃個精光。

夜晚來臨，月光灑在廟前大地。妖怪們從遠處一個個出現了，跳著奇怪的舞步，也大聲哼著歌。

左瘤爺爺連忙跑到門外，依照指示也跳舞與歌唱。他一心只想著快點讓肉瘤消失，根本沒想過自己的歌聲五音不全，跳起舞來也是亂跳一通，連拍子都不準。

紅臉妖怪發現左瘤爺爺了，不滿意的叫著：「你今晚跳的舞太醜了，歌聲也很難聽。去去去，快離開！」

左瘤爺爺也高聲回應：「先把我臉上的肉瘤摘掉，我才走。」

青臉妖怪哈哈大笑，從腰帶裡取出昨晚摘掉的肉瘤，往左瘤爺爺的右臉一貼，大吼著：「吵死了。把你的肉瘤還給你，快滾！」

妖怪們往左瘤爺爺圍過來，他嚇得只能連滾帶爬的迅速逃下山。

左瘤爺爺現在左右臉頰上都有肉瘤，調皮的孩子偷偷唱著：「左一個、右一個，雙瘤爺爺怎麼了？唱歌跳舞賺來的。」

故事好郵趣

人的長相也許無法改變，但是可以調整面對它的心境。編出這個故事的人，便是希望以左右爺爺的對比，來勸勉世人「善意才能解決難題，也會活得比較愉快」吧。

這篇故事被正式收入日本書中，最早是《宇治拾遺物語》（大約在西元一二一二年），後來也有不同的故事版本。日本大作家太宰治的《御伽草紙》就改寫過〈肉瘤公公〉這一篇，他還認為這兩位肉瘤公公住在四國的山邊。臺灣觀眾熟悉的卡通「櫻桃小丸子」，也出現過「小丸子與同學在校慶時演出摘瘤爺爺」的劇情。

日本古典故事裡常出現各種妖怪、魔怪等，一九七四年發行的一套三枚「兩個長瘤的爺爺」郵票（圖5-1），圖案中的妖怪手舞足蹈的模樣，看起來似乎沒那麼嚇人；也許愛唱歌的妖怪比較可親吧。日本有些地區也會有魔怪祭典，比如青森縣有睡魔祭，一九九六年還曾發行這個主題的郵票呢（圖5-2）。

圖5-1　1974年發行的「兩個長瘤的爺爺」郵票，原畫是片岡球子，清水隆志美術構成。（周惠玲收藏）

圖5-2　1996年青森縣發行的睡魔祭郵票。（王淑芬收藏）

浦島太郎

郵票上的小海龜，為浦島太郎帶路。

海中有仙境
一夜白髮是門票
得到是失去

大海一望無際，映照著藍天白雲，美得像夢境。一葉小船在碧波中，顯得如此渺小。船上的捕魚郎看著清澈大海，不禁幻想著：「海底下是什麼？」

幾個時辰過去，船上的浦島太郎看著腳邊空空的桶子，今天運氣不佳，什麼也沒捉到。他無精打采的握著槳往岸邊划去。一上岸，見到幾個調皮小鬼正在捉弄一隻小海龜。

「喂！這可不行。」浦島太郎高聲斥喝著。「為什麼要傷害牠？」

小孩們一哄而散，浦島太郎抱起小海龜，摸摸牠身上的花紋，安慰著：「幸好我發現得早，你沒受到傷害，我帶你回家吧。」他小心將海龜放入海中，看著牠往海中游去，才安心的轉身，拎著空桶子回家。

第二天，浦島太郎一如往常划著小船，到海上捕魚。他

望著仍然清澈的大海，心中祈求今日不會空手回家。幾隻海鳥拍著翅膀往他眼前飛去，自由自在的模樣，讓浦島太郎笑了：「我的工作有美麗的海景可以欣賞，有可愛的鳥兒作伴，想想也不錯啦。」

正想著，船邊啪啪啪的響著奇怪聲音。他探頭看，一隻大海龜開口說話：「我是龍宮的將軍，海底的龍王邀請你到宮中一遊。」

大白天的，浦島太郎卻嚇出一身冷汗。海龜會說話？世界有龍王？好吧，就算他見識淺薄，太無知而不知道所有的事，但是為何要他去龍宮，總得說明白，他才敢去啊。

海龜將軍解釋：「龍王的小女兒乙姬公主一時貪玩，化身為小海龜到人類世界探險，才剛游到岸邊，便被幾個小孩抓住，幸好你及時伸出援手，救了我國的公主。」

原來是龍王想答謝，邀請女兒的救命恩人到海底世界一遊。浦島太郎平時日子雖平靜，倒也有點無趣。到龍宮旅行，有何不可？可是，他又不是海中動物，一旦到了海裡，不出幾分鐘就會淹死吧？

海龜將軍早有準備，拿出一對鰓，裝在浦島太郎身上；然後便拉著他一起潛入海中，往深深的海底游去。

浦島太郎這輩子沒見過如此奇特的景象。起初，清澈的海水中除了一些魚群，似乎沒有別的東西。但是愈往深處，愈來愈令他目不暇給，一下子是五顏六色的美麗魚兒，一下子是各種造型的珊瑚。幾隻碩大的鯨魚從他身邊游過去，還望他一眼，像是在說：

「哪來的怪物，游水技術這麼差？」

不久，海底出現一座巨大的門，是用會發光的礦石建造的，十分豪華。浦島太郎跟著海龜將軍往前游，又進了好幾

道門，才到達高聳又壯麗的龍宮。

龍宮裡好溫暖，四周還以各種寶石布置得異常華美。浦島太郎總算親眼見到傳說中的海龍王了。他本來想像著龍王的外形，是魚是蝦，還是螃蟹？結果都不是，就是人的樣子。是否龍宮裡的人也是一種神仙？

龍王拍拍手，一群僕人便送來各種美味餐點。龍王說：「謝謝你救了小女一命，這幾天，我會請乙姬公主招待你參觀龍宮，四處玩玩。」

浦島太郎點點頭，不敢亂回話，萬一不合乎海世界的禮節，他怎麼回家？

回家？算了，先別多想。有哪個人能像他一樣，到海底龍宮走一趟？

還在胡思亂想時，乙姬公主出來了。跟昨天被欺負的小海龜完全不一樣，好難聯想在一起啊。公主戴著鑲滿珍珠的王冠，樣貌十分清秀，她滿臉笑容領著浦島太郎往外走。

乙姬公主是個好主人，她帶領浦島太郎參觀龍宮世界，還偷偷取出她最珍貴的寶盒，

讓他看看自己的多年收藏。她指指身上戴的項鍊，介紹著：「這是人魚公主的眼淚結晶而得的珍珠，十分罕見。有一次出門散步時，巧遇遙遠的人魚國公主，我用五顆藍玉跟她交換的。」

浦島太郎覺得太有趣了，問：「人魚公主為什麼要掉眼淚，眼淚又為什麼會變成珍珠呢？」

乙姬公主也笑了，說：「陸地上的人類真有意思，喜歡問問題。」

至於人魚公主這一題，乙姬公主的答案是：「何必想那

麼多？美麗的東西，有時候是沒有標準答案的。」更何況，有些美麗的東西，在不同的人眼中，可能根本沒有價值。

浦島太郎發現，他好喜歡跟乙姬公主聊天。也許，跟自己成長環境截然不同的人，會有聊不完的話題。乙姬公主也一樣，接連兩天帶他四處吃吃喝喝，到海中各個景點參觀，也問他一大堆「陸地限定」的問題呢。例如，陸地上最可怕的事情是什麼？

才在龍宮玩三天，浦島太郎就開始想家了；重點是他發覺，自己在這裡不用工作，天天玩，結果根本就「不好玩」。所以他告別公主，決定回家繼續當漁夫。

公主滿臉不捨：「好不容易找到聊得來的朋友，真可惜你必須返家。我送你一個玉盒，看見它就想著我吧。」不過，公主叮嚀，千萬不可以打開盒子，因為裡面裝的寶物一打開會消失。

海龜將軍再度領著浦島太郎游回陸地。上岸後，浦島太郎拍拍衣服，竟然一下子就乾了。他連忙回家，心想三日不見，雙親一定會問自己到哪裡去了。該不該說起這段奇遇呢？

如果說，到龍宮旅遊是浦島太郎人生中第一個驚奇，那麼，回到家就是他第二個驚奇了。因為，哪裡還有家？父母都不在，眼前一切全都是陌生的人與物。他問起現在的年代，才知道龍宮三日，已經是人間過了三百年。

「我該怎麼辦？」浦島太郎摸著腰間僅有的玉盒，確定這不是一場夢。「我只剩下這個盒子了，裡面裝著什麼呢？」

雖然乙姬公主曾經嚴肅的警告，浦島太郎還是忍不住打開盒子。只見盒中升起一陣白煙，浦島太郎瞬間滿頭白髮；他摸摸自己的臉，一下子也皺紋滿面了。

浦島太郎走到海邊，想問乙姬公主：「你送給我的寶物，原來是三百年來的永保青春。只是，我親友都不在了，要青春做什麼？」

這個問題，龍宮裡的乙姬

公主會給出什麼答案呢？

故事好郵趣

浦島太郎在日本家喻戶曉，許多地方都有相關的寺廟。比如京都的伊根町就被視為浦島太郎的故鄉，當地的「嶋児神社」裡藏有「龍宮寶盒」，便是故事中讓浦島太郎瞬間白髮的玉盒。橫濱市的慶運寺，也被稱作「浦島寺」（圖6-1），據說是他雙親墓地，寺內有浦島太郎與乙姬的雕像。鹿兒島也有一座「龍宮神社」，亦供奉著乙姬像。

這篇故事讓人想起美國的〈李伯大夢〉，都是異境短短幾個小時或幾天，人間就已數十年甚至百年。這種情節真像科幻小說，像是到了時間不同的外星球。時間啊，究竟是漫長好，還是有如光速般飛快度過好？

一九七五年日本發行一套三枚的「浦島太郎」郵票（圖6-2），票面上龍宮的圖畫設計十分雅致，把海中與世隔絕的美感表達無遺。而說到海中公主，又不禁想起日本獨特的「海女」，她們像人魚般在海中尋取珍珠；一九九

圖6-1 1975年以橫濱浦島寺爲主題的明信片和特別紀念戳，這是搭配浦島太郎郵展而製作的。（周惠玲收藏）

六年發行的海女郵票（圖6-3），看著她們根本沒戴氧氣筒便下水工作，真令人佩服。

圖6-2　1975年發行的浦島太郎郵票，原畫作者是大山忠作，郵票美術構成是清水隆志。（周惠玲收藏）

圖6-3　1996年發行的海女郵票。（王淑芬收藏）

老鼠的淨土

郵票上的老爺爺喊著：
「等等我啊。」

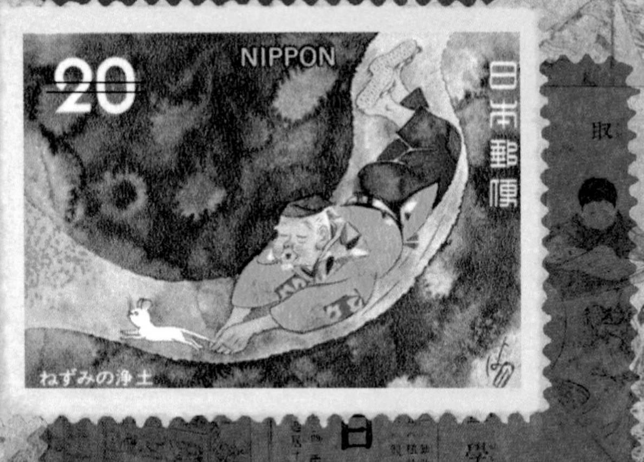

小小的眼睛
善心貪心分得清
請打掃乾淨

灶裡的火燒得旺，鍋子內的米滾啊滾，沒多久飯便煮好了。老奶奶舀一匙白飯，包點肉鬆與一顆醃梅子，香噴噴的飯糰便完成了。

「我走了。」老爺爺帶著老奶奶用心製作的飯糰，上山砍柴去。中午時取出充滿米香的午餐慢慢享用，是勞累工作的爺爺最大的期待呢。

陽光穿過樹葉的縫隙，照在老爺爺的身上，暖洋洋的。今天的天氣真好，老爺爺舉起斧頭砍柴時，邊哼著歌，心情挺愉快。

該休息了，老爺爺坐在樹下，拿出飯糰，鋪在乾淨樹葉上。正準備將飯糰送進嘴裡，哎呀！美味飯糰竟然掉下去，滾啊滾啊，滾到前方斜坡下。

「不行不行，一個都不能少。」老爺爺連忙起身追趕那個飯糰。飯糰滾啊滾，不見了。老爺爺再仔細瞧，原來它滾到斜坡底一棵大樹的樹洞裡。「伸出手兒抓一抓。」老爺爺居然還有興致編著歌來唱。「飯糰休想變魔法。」

但不論老爺爺的手伸得多長，在樹洞裡抓來抓去，飯糰就像變了魔法一般消失。「稀奇稀奇真稀奇，飯糰也會玩遊戲。」老爺爺瞇起眼，在洞裡抓啊抓，仍然不忘哼著歌。

奇妙的事發生了，飯糰沒找到，卻從洞裡傳出細微的聲音。專心聽，是歌聲啊。「爺爺你真好，飯糰吃個飽。」

莫非樹洞裡有神仙？老爺爺眼睛一亮，趕快跑到原來休息的樹下，將另外兩個飯糰也拿過來。他對準樹洞，將橢圓形的飯糰往內丟；然後睜大眼，耳朵貼在樹洞口，注意聆聽。

果然樹洞裡又傳出「咚咚咚」音響，接著又傳出歌聲。

「這個飯糰真美妙，做成年糕樂逍遙。」

喜愛唱歌的爺爺可不想放過這個歡樂對唱的機會，想了想，也接著唱：

「世上只有飯糰好，吃得健康是珍寶。」

唱完，老爺爺自己都笑了。

「兩個飯糰換來好心情，真划算！」他豪邁的把最後一個飯糰也往洞裡扔，心想：「唱歌心情開朗，一點都

不覺得餓啊。」也許是太興奮，腳步不穩，老爺爺居然隨著飯糰也滾進樹洞內。

「別跑別跑，等等我。」老爺爺索性追著飯糰，往前滾啊滾，有一種在洞裡探險的驚奇與驚喜。「會滾到哪裡去？」才想著會不會又滾出洞外，眼前便出現一塊空地，一群小白鼠張著滴溜溜的明亮眼睛，似乎正在歡迎老爺爺。

老爺爺想起小時候母親曾說：「老鼠是神仙，會引領有福氣的人找到財富。」難道今天自己成了有福氣的人？

一隻小白鼠拿著小巧的木樁，對著迷你的木臼用力搗著；另外一隻像跟著前一隻的節奏，一起一落的也搗著，看來是在做年糕吧。老爺爺覺得有趣，又唱了：「小白鼠，你們好；老爺爺，迷路了。」

一隻穿著漂亮外衣的白鼠代表所有老鼠高聲回話：「老爺爺，謝謝你送我們飯糰，以香噴噴的飯糰做成的年糕，嚼起來滋味特別好。」

牠又解釋：「這裡是地底的黃泉國，從這裡可以通往未來轉世的淨土。我們世世代代

都住在這裡，這裡沒有貓也沒有黃鼠狼，安安穩穩的，這兒就是我們的淨土。」

「淨土？那不是死後的極樂世界嗎？」老爺爺緊張想著。「我該不會已經不知不覺的死掉，成為神仙？」

小白鼠像是聽見了老爺爺的心思，吩咐另一隻白鼠拿出一大一小兩個竹籃。告訴老爺爺：「謝謝你大方送給我們飯糰，請選一個竹籃帶回家吧。」

老爺爺不貪心，挑了小的，向白鼠們道謝之後，便又循著原來的洞穴窄路，爬出洞外。

天氣還是那麼好，天上白雲像在睡午覺，一動也不動。

「我一定是吃飽睡著，做了夢吧？」可是，懷裡真的有個小竹籃。

老爺爺不砍柴了，今天必須快快回家，向老奶奶說這則奇妙故事。老爺爺一面向山下飛奔，一面又哼起歌來：「萬萬沒想到，鼠仙來報到，我的命真巧，我的命真好。」

一回到家，正想告訴老婆今日遭遇，不料，老奶奶一見竹籃，覺得編織的功夫細巧，便打開蓋子想瞧瞧。「哇！這是怎麼回事？」

只見籃子內雖然小，卻塞滿金幣與許多亮晶晶寶石。

老爺爺說出今天的奇遇，老奶奶不禁驚呼：「不得了！

我們太有福氣了。快去買些美味食物，祭拜祖先與老鼠神仙。」

灶裡的火燒得旺，鍋子內的雞鴨魚肉滾啊滾。從煙囪冒出的煙，夾帶著陣陣香氣，把左邊鄰居的爺爺引來了。

「你們家辦喜事嗎？」

左爺爺用力吸著鼻子，走進

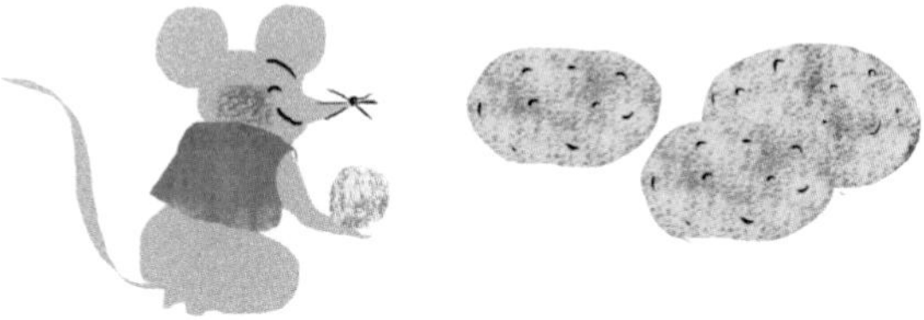

屋裡，看見桌上擺著各種美食，口水都快流出來了。

老爺爺很大方的把這一番「老鼠與飯糰」經歷，說給左爺爺聽。左爺爺不客氣的抓起雞腿咀嚼，聽到這種好事，心想：「沒想到發財是如此簡單，只需要三顆飯糰！」

於是，吃飽喝足後，左爺爺命令妻子也捏出三個飯糰，還說：「隨便弄弄，不必太大，老鼠肚子小。」然後帶著小飯糰也上山。

到了樹洞外，他「咚咚咚」一口氣將三顆小飯糰往洞裡扔，接著自己便縮進通往洞內的窄小通道，努力往前爬。

「沒想到是真的！」左爺爺見到一群白鼠拾起他給的飯糰，便高聲叫著：「快給我竹籃，否則我要把飯糰搶回來。」

當白鼠取來一大一小兩個竹籃時，左爺爺早有計畫，他張大嘴，「喵嗚喵嗚」學貓叫，想把所有白鼠嚇跑，因為兩個籃子他都要，只有一小籃的金銀財寶滿足不了他。

只是，原本燈火通明的老鼠國，忽然

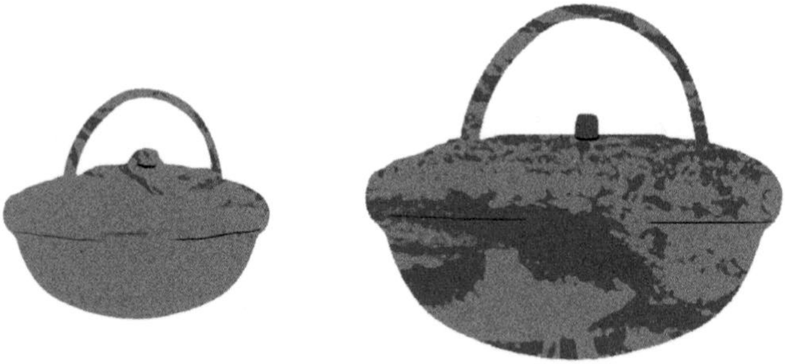

一片黑暗，什麼也看不見。左爺爺正想罵人時，覺得腳邊像是有幾百張小嘴巴正在咬他，嚇得他連滾帶爬的逃出洞外。

他狼狽的站起來，氣得想往洞口扔幾塊大石頭，順便倒幾桶水，懲罰一下這些白鼠；只是，哪裡還有樹洞？只有一棵老樹，在風中搖擺樹枝，天色已昏暗。

故事好郵趣

這篇故事又叫作「老鼠與飯糰」或「飯糰滾啊滾」，會讓人想起「愛鼠常留飯，憐蛾不點燈」這句中國古話，諺語中有著珍視所有生命的宗教情懷。故事中的老爺爺，對弱小生命懷有善意，而得到大大的回饋，也像是在呼籲我們「莫以善小而不為」；就算是微小的好事，也會有好結果。

飯糰是日本的國民食物，如今也出現在臺灣的便利商店。故事中老爺爺的飯糰掉進樹洞地底，成為老鼠美食，一來是因為日本民間將老鼠視為神的使者，會帶來財富；二來地底老鼠國是黃泉國，是通往死後世界「淨土」的入口。本篇故事雖非死亡主題，但意味著老爺爺大方分享，所以能安返家園，也像在說，善念就是心靈淨土，會有好事發生。

故事中，以善念和貪念兩相對照，這和〈讓枯木開花的爺爺〉、

圖7-1　1975年發行「老鼠的淨土」郵票，原畫作者是黑崎義介，美術設計是久野実，其中第二枚老爺爺滾入洞中時，票面前方有點點印金，十分精緻。（周惠玲收藏）

〈兩個長瘤的爺爺〉故事情節相似，不論在哪個年代或國家，這種勸人行善的傳說十分普遍。你也可以想想，還聽過哪篇故事也採用這種對比模式。

日本各地都流傳「老鼠的淨土」傳說，不過各地對於老鼠搗飯糰時所唱的歌，各有不同的創意，其中石川縣鹿島地區的版本，特別強調「這裡沒有貓也沒有黃鼠狼，就是老鼠的淨土，」似乎有它的隱喻。

圖7-2　1996年和2011年鼠年郵票。（王淑芬收藏）

一九七五年日本發行「老鼠的淨土」郵票（圖7-1），其中第三枚郵票的票面上，白鼠們正努力以飯糰來搗成年糕，看起來真是可愛。另外，每逢鼠年發行的白鼠生肖郵票（圖7-2），更是討喜。

大家可能不知道，世界上第一枚生肖郵票是日本在一九五〇年發行的虎年郵票（圖7-3），臺灣是在一九六八年才發行首枚生肖郵票（雞年郵票）。

圖7-3　1950年發行史上首枚生肖郵票（虎年）。（王淑芬收藏）

桃太郎

郵票上的桃太郎說：「團結力量大！」

四個比一個
力量需要用加法
魔鬼也害怕

「那是什麼？」

聽到老奶奶高聲呼喊，在不遠處砍柴的老爺爺趕忙跑過來。

「好好的在河中洗衣服，發生什麼事啦？」老爺爺擔心的快跑著。

只是，一到河邊，老爺爺也忍不住高呼：「那是什麼？」

河面上有一個粉紅色、大得像木桶的桃子，隨著河水漂過來。

「能吃嗎？」「誰家的？」夫妻倆發出疑問，盯著巨大的桃子看。

桃子漂到眼前，老爺爺快步下水，撈起巨桃。老奶奶也說：「我們快帶回家，請左鄰右舍都來嘗嘗這個桃子。外皮光滑，一定很甜。」

回家後，老爺爺從桃子頂端小心往下切，剖開時卻嚇一大跳。桃子裡有一個小男嬰，正笑嘻嘻吮著手指呢。老奶奶大喊：「原來是神送給我們的禮物，我要叫他桃太郎。」

夫妻倆從年輕時便盼望能生個孩子，卻無法如願。現在老奶奶認定：「這是神要我等到此刻，以便專心養育這個可愛的孩子。」

桃太郎沒有辜負老夫妻的疼愛，不但長得強壯，還喜歡幫助人。只要鄰居有誰需要幫忙劈柴，或採摘桃子、蘋果，他一定自告奮勇說：「我來！」

他也很有正義感，見到不公平的事，就會勇敢說出自己的看法，不怕得罪人。隨著桃太郎一天天長大，村子裡的人也愈來愈信任他，覺得有這樣的人在村中扮演「調解紛爭者、協助者」真好。

老奶奶卻說：「在我心中，我的太郎永遠是從桃子裡蹦出來的活潑小可愛。」老奶奶一面做桃太郎最愛吃的糯米糰，一面笑咪咪的對鄰居說。

有一天，村子裡來了一位鄰村訪客，是專程來找桃太郎的。他帶來一個壞消息：「對面小島上，近來出現可怕的魔鬼，會趁夜裡渡海過來，攻擊村民。」據他說，他的村子已經被搶走許多糧食，雖然村民也想反抗，卻被魔鬼們打傷。他們聽說桃太郎是個強壯又聰明的人，希望能請他想想辦法救大家。

老奶奶不斷搖頭：「不可不可！我不希望心愛的桃太郎受到傷害。」

桃太郎卻安慰母親：「如果不把魔鬼趕跑，總有一天，他們就會來找我們麻煩。坐以待斃才萬萬不可啊。」

老爺爺只好為他準備一件堅固的戰鬥服，以及磨好的銳利刀子；老奶奶含著淚做一大包糯米糰，讓他帶著當糧食。全村的人都來送行，祝福桃太郎能順利擊退魔鬼，平安返家。

桃太郎雖然勇敢，心裡其實也有點擔心。因為根本不知道所謂的魔鬼，弱點在哪裡。面對面時，該採用哪一種戰術。不過，為了居住島嶼的安定，還是得壯起膽子。反正，到時候再臨機應變吧，他想。

當他往海邊走去時，路上遇見一隻小白狗，可憐兮兮的說：「我好餓。」桃太郎摸摸牠的頭，餵牠幾個糯米糰。小白狗吃飽了，搖著尾巴說：「請讓我跟你一起走，當你的好夥伴。」

「這段旅程很危險呢。」桃太郎不確定是否該收留小白狗隨行。

小白狗卻說：「我不怕，而且多一分力量，便多一分勝算。」

看來小白狗挺有智慧的，知道多一個幫手，會多一點成功機會。

他們往前走時，又遇到一隻猴子，同樣的情節再度發生。猴子吃了糯米糰，也說：「多兩分力量，便多兩分勝算。」

三個夥伴繼續往海邊走，又遇到一隻有著尖尖嘴巴的雉雞。這下子，換雉雞說「多三分力量，便多三分勝算」。

到了海邊，四個夥伴看著對面魔鬼島，都有點緊張。桃太郎帶頭高呼：「心懷正義的人不必害怕。」他解開停靠在岸邊的小船繩索，帶著大家往恐怖氣氛的魔鬼島划去。

等爬上島之後，見到一座好高的城堡。「看來，魔鬼真的搶奪了許多財寶，還逼迫村民為他們蓋了這麼豪華的建築。」桃太郎皺著眉頭，高聳的大門，從裡面反鎖，怎麼進去？

猴子發揮牠的本事，動作俐落的爬上爬下，為大家打開門。四位勇士進去以後，便大聲喊叫：「可惡的魔鬼，快出來一決高下。」

可怕的巨大吼聲回應他們，接著，長著牛角、身上有老虎紋路的大魔鬼，領著幾個小鬼走

出來了。

「矮小的人類，竟敢挑戰我。」大魔鬼一開口說話，嘴巴可真臭。嗅覺一向靈敏的小白狗，覺得真是受不了。

桃太郎的頭抬得高高的，雙手插腰，也大聲回話：「不想作戰也行，只要你們保證不再侵襲善良人類，便可以留在你們的島上，靠自己的能力過日子。所有人和平相處，都不會受傷，這樣不是很好嗎？」

「這樣一點都不好！」大魔鬼只想搶奪別人的。於是，桃太郎毫不客氣的抽出銳利的刀子，向魔鬼宣戰。

多三分力量果然奏效。小白狗咬著大魔鬼的腿，猴子爬上他的肩，打落魔鬼的狼牙棒，雉雞則一飛沖天，往大魔鬼的雙眼用力啄。

大魔鬼手忙腳亂，又痛得哀叫連連。小鬼們見到大魔頭慘敗，一個個跳入海裡，逃得比風還快。

「饒我一命，我有寶物可以送你。」大魔鬼搗著雙眼求饒。桃太郎把刀子收好，說：「寶物不重要，你保證不再攻擊村民比

較重要。」

「是是是，今後我會安分的在這裡，不再攻打人類。」大魔鬼眼見只剩自己，乖乖認輸。

小白狗聞著嗅著，在城堡內找到許多金銀財寶，以及玉珊瑚、上等絲綢。猴子推著小車裝載好，「打鬼小隊」便帶著戰利品高興的回到家。

桃太郎除了把得到的寶物分送村民，也決定教會大家如何保護家園。他還說：「我學到一件事，團結力量大。」正在享用老奶奶拿手糯米糰的夥伴都點頭贊成。

故事好郵趣

日本有很多地方都有桃太郎的傳說，其中最有名的就是岡山縣。岡山縣裡到處是桃太郎相關的建築和裝置藝術（雕像、郵筒、地面人孔蓋等等），而且每年八月還會舉辦桃太郎節。二〇一三年岡山縣發行的地方自治主題郵票（圖8-1），就把桃太郎和世界文化遺產的岡山後樂園一起放在票面上，可見有多重視。

桃太郎故事被改寫，出版成圖書、卡通和電影無數次。日本第一個靠稿費過活的作家曲亭馬琴（1767～1848）曾為兒童編寫民間故事，第一篇就是〈桃太郎〉，難怪著名的兒童文學專家松居直要說：「桃太郎是日本代表性傳承文學。」連他也改寫過、出成書呢。

其中有一些故事版本，不但寫了桃太郎打怪的精采過程，還描述他後來過著怎樣的生活，比如福島地區的傳說中，他最後娶了公主，當了城主。這也難怪，故事裡的桃太郎就是一個很棒的領導

圖8-1　2013年岡山縣發行紀念地方自治的郵票首日封，正中央的一枚郵票是桃太郎和他的夥伴，背景是日本三大名園之一的岡山後樂園。（周惠玲收藏）

者。他有勇有謀，能接納別人建議，更能團結眾人，邁向成功。

故事篇首這一枚郵票，是二〇〇八年發行的卡通民間故事郵票，桃太郎主題有兩枚（圖8-2），票面中的角色，不論是四人小隊或島上惡魔，都是以比較可愛的造型呈現，或許是想沖淡一點原來故事中打殺流血的暴戾之氣吧。

圖8-2　2008年發行的「桃太郎」郵票。（王淑芬收藏）

桃太郎從桃子裡誕生，也許有它的文學象徵（有種說法是象徵母性，生命從這裡誕生）；但另一方面，可能也是因為日本盛產美味水蜜桃（臺灣旅客遊日時，都會想品嘗這種多汁香甜的水果），前面提到的福島，是日本的桃子大產地，二〇〇五年曾有一枚郵票（圖8-3）就以桃子為主題，還搭配了卡通造型圖案的蜜蜂呢。

圖8-3　2005年發行東北水果郵票時，右下這一枚就是福島縣桃子。（周惠玲收藏）

戴斗笠的地藏菩薩

郵票上的老爺爺擔心寒夜裡的菩薩會不會冷？

天地雖大寒
心中一朵小火苗
破冰與除霜

明天就是新年，多麼令人期待的一年之始，多重大的日子！

可是破舊草屋裡，孤單的老夫妻卻愁眉苦臉。因為米缸空蕩蕩，老奶奶想蒸白米來做年糕，卻無米可煮。

過年怎麼能夠沒有年糕吃呢？

老爺爺看了看也幾乎是空蕩蕩的屋子，角落裡擺著幾頂斗笠，那是他之前砍竹子去賣時，老奶奶摘竹葉編成的。已經賣掉幾頂，家裡還剩五頂。

於是老爺爺決定將五頂斗笠帶到市場，說不定能順利賣出，換回一些米。樂觀的老奶奶也點頭說：「那就去試試吧，路上請小心。」

一打開門，不得了！今天的風雪特別大。老爺爺連忙將頭巾拉緊，帶著斗笠往市場方向快步走。

路上經過六尊地藏菩薩的石像，老爺爺停下來，從地面抓取白雪揉成六團圓球，一一擺在菩薩腳前。然後雙手合十，誠心的說：「菩薩啊，感謝你們這一年來對我們的照顧。等我買了米，請老奶奶做好年糕，再帶來請你們享用。」

他抬起頭，看著滿臉慈祥的菩薩像，感覺大家都在為他打氣呢。老爺爺拿起斗笠，不怕冷了，繼續趕路。

到了市場，他的心情卻變得不太好。可能因為是過年前一天，大家都休息了，市場的人潮沒有他想像中的那麼多。而且，不論他怎麼大聲叫賣，根本就沒有人要買斗笠。

一個走過他身邊的人對老爺爺搖搖手，說：「大過年的，斗笠又不是必要的物品。」說的也是，老爺爺嘆口氣。其實他也知道，斗笠不會被列入年節採購清單中，但是家中只剩下這個可賣啊！

再走幾步，攤子上煮紅豆湯的白煙，在寒風中讓人見了便暖和起來。老爺爺東張西望，眼看天色就要暗下來，確定賣不成斗笠，還是早點回家吧。

再經過六尊地藏菩薩的石像時，老爺爺不好意思的說：「菩薩啊，真的很抱

歉，我的斗笠一頂也沒賣出去，運氣不太好。」他再度將白雪團成圓球，小心的擺在六尊神像前，大聲說：「等我有米了，必定帶真正的年糕來。」

風呼呼吹著，大雪如同鵝毛般紛紛落下。菩薩們的頭上、肩上，積滿一層白雪。

老爺爺心想：「已經讓菩薩們挨餓了，豈能再讓祂們受凍？」

他將五頂斗笠戴在五尊菩薩頭上，還細心的綁好繩子，免得被狂風吹落。至於最後一尊，他想都沒想，迅速拆掉自己的頭巾，鋪在菩薩頭頂，在脖子上打一個緊緊的結，確保不會滑落。

「請各位保暖，不要受寒。」老爺爺深深一拜，便轉身回家。

到家之後，老奶奶見到老爺爺兩手空空，頭髮沾滿雪花，驚訝的問：「發生什麼事了？米呢？」

沒有米、沒有斗笠，連僅有保暖的頭巾也沒了。老

爺爺說著今天的市場之行，一無所獲，只有為菩薩做了一點事。

「應該的！應該的！」老奶奶對著屋外也雙手合十拜了一拜。「平時菩薩保佑我們行路平安，這麼冷的天氣，仍然在路邊守護。老爺爺，你做對了，這是好事。」

沒有米可以做年糕，老奶奶便用幾片菜葉煮了一鍋湯。兩個人端起碗，熱騰騰的白煙把凍得紅紅的鼻尖也蒸暖了。

老奶奶笑著說：「想想這一年來，我們健健康康的，真的很幸運。」

老爺爺也說：「沒錯，希望我明年還能健康平安的外出工作。」

兩個人聊著春天屋前櫻樹盛開的粉紅櫻花，秋天林間撿到的美味栗子，都感謝大地與眾神的美好賜與。

正聊得開心時，敲門聲響起。

「這時候誰會上門？」老奶奶滿臉好奇的起身，往門口走。「該不會是趕路的人迷失方向？凍壞了可不行。」

一打開門，老夫妻全嚇得說不出話了。

只見屋外站著戴斗笠、綁頭巾的六位地藏菩薩，祂們笑咪咪的說：「新年平安。」然後指指身後一輛閃著奇特光芒

的木製雪橇。

雪橇上載滿許多東西，是各式各樣的蔬菜水果，與一包裝得飽滿的米。

「好心的老爺爺，這是謝謝你的禮物，請將它們搬進屋裡。」站在最前方的菩薩說著。

兩夫妻連忙將食物搬進屋內，五顏六色的蔬果擺了滿滿一桌。那一大袋白米好重，得兩人合力才搬得動呢。

「謝謝菩薩的賞賜。」老夫妻又驚又喜，不斷的說著這句話。

屋外仍是滿天風雪，但是站在門邊，卻一點都不冷。是菩薩們帶來他們這輩子想都沒想過的心中暖流。

六尊菩薩揮揮手，轉頭向來時的方向走。雪中的菩薩們腳步穩重，背脊挺直，看來是多麼尊貴啊。兩夫妻不斷拍著胸脯，連連驚呼：「太神奇了。」

老奶奶知道這是神帶來的美好啟示：「老爺爺，你

擔心菩薩們受凍，這種善念感動了神佛。我們要一直保有這樣的慈悲與善良才好。」

「是啊，不論對神對佛，還是對一般人。心存善意，別人也才會回報我們善意。」老爺爺覺得自己的這種想法挺好的。

這一餐不但吃得好、吃得飽，還剩下許多。老奶奶說明天一早得做六個大年糕，請菩薩們享用。

再度出門準備上山砍竹子時，老爺爺發現路邊的六尊地藏菩薩，斗笠不見啦！取代的是看起來更保暖的毛線帽，脖子上也繞著毛茸茸的圍巾。老爺爺點點頭，笑了。

故事好郵趣

日本民間信仰中，將地藏菩薩看作是陸地旅行者的守護神，所以常在路邊見到祂的神像；祂也被視為不幸早逝孩童的保護神，有些寺廟中的地藏菩薩神像便抱著孩子。臺灣民間則認為祂是閻羅王的化身，掌管冥界事物。不論守護人間或冥界，人會因為信仰而心生善念，也算是一種道德修煉。

這篇傳說雖然是佛教故事，但最後菩薩以雪橇帶著禮物來，與西方的耶誕老人相似，都是賜給善心者獎賞。在二〇〇八年日本發行的郵票中，有兩枚表現這篇故事（圖9-1）。票面中六尊菩薩不但頭上有禦寒斗笠與頭巾，脖子也有紅色圍巾，應該是另一位怕菩薩受凍的信徒帶來的吧。有些故事版本的情節中，將斗笠改為老奶奶織的毛線帽，更添溫暖。

不同地區對地藏菩薩的概念並不一樣，所以有些故事中只有一位或少於六位。至於六尊地藏王菩薩，或許象徵著佛教中的六界；日本岩手縣的中尊寺，被聯合國教科文組織列為世界遺產

圖9-1　2008年發行的「戴斗笠的地藏菩薩」郵票。（王淑芬收藏）

（圖9-2），寺中供奉的便有六尊地藏菩薩。

圖9-2　2012年發行以中尊寺爲主題的世界遺產郵票首日封，紀念戳是一朵盛開的蓮花。（周惠玲收藏）

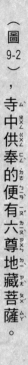

猿蟹合戰

郵票上的猿猴，不想作戰，
只想好好泡個澡。

心有開關嗎
不想躲在黑暗裡
晴天不下雨

猴子蹦蹦跳跳從左邊小路走過來，螃蟹慢慢橫走從右邊小路爬過來，兩個在樹底下遇見了。

「你手裡拿著飯糰，要到哪裡去？」猴子吞了吞口水，問螃蟹。

螃蟹回答：「剛才有位好心的農夫，知道我趕著回家餵小孩，便送我飯糰。」

猴子又再度吞了吞口水，從耳朵後方拿出一顆種子，告訴螃蟹：「我願意大方跟你交換。」

「一顆硬邦邦的柿子種子？」螃蟹揮舞著兩隻鉗，不明白這種交換對牠有什麼好處？

猴子吞吞口水，再吞吞口水，努力解釋：「你想想，種下這顆種子，長成大樹結了果子，你家世世代代便都有食物可吃了；我是為你著想啊。」

螃蟹心裡十分掛念孩子，一

聽到這樣做，日後牠的子孫不必擔心餓肚子，便覺得挺有道理，於是答應交換。

猴子接過飯糰，大口大口的吃，還叮嚀螃蟹：「種下以後要記得澆水，祝你早日收成。」說完，在心裡竊笑：「螃蟹真好騙，我真聰明！」

螃蟹賣力挖洞，埋下種子，再取水澆灌。一面澆水一面唱：「小種子，快長大。大剪刀，怕不怕？」牠的兩隻大鉗，的確很像銳利的大剪刀。

種子真的怕被剪嗎？還是猴子無意中撿到的，其實是一顆神奇種子？總之螃蟹唱完，柿子種子真的長出小苗，冒出

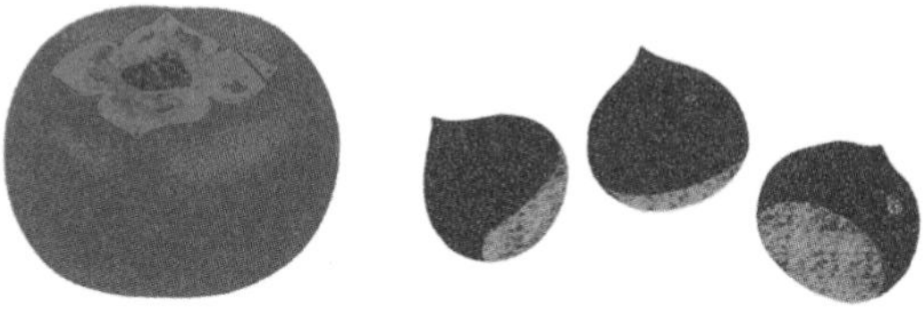

地面，兩片小葉子在風中搖擺。

螃蟹太開心了，繼續唱：「小綠苗，快長大。大剪刀，怕不怕？」

隨著歌聲結束，小苗迅速往上長高，高到螃蟹快看不到啦。

已經是高高大樹的柿子樹，枝枒伸得長長的，樹下的螃蟹愈唱愈有信心。牠接著高聲唱：「結果子，紅又大。大剪刀，怕不怕？」

柿子樹像聽懂螃蟹的話，瞬間結滿果子。

風吹著滿樹紅通通的肥美柿子，螃蟹見了雖然高興，但是也又急又氣。因為牠沒辦法爬到樹上摘柿子。

吃得飽飽的猴子走過來，見到眼前的景象，差點兒被自己的口水嗆到。

螃蟹向牠道謝，還說：「猴子先生，您真大方，把如此神奇的種子送給我。我現在想摘幾個柿子回家餵小孩。」

猴子馬上回答：「我來！」牠一溜煙兒便爬上樹，還說：「別忘了，我可是遠近知名的爬樹高手。」

螃蟹萬分期待的在樹下等著，等了半天，只聽見猴子大口嚼柿子的聲音，卻不見任何成熟的柿子丟下來。

「我必須餵孩子啊。猴子先生，拜託你快扔幾個給我。」

猴子太貪吃了，直說：「我再吃一個就好。」還小聲抱怨：「早知道就不交換了。」牠愈想愈氣，氣自己隨便把撿到的神奇種子送人，平白失去一個「永遠吃不完」的好機會。又聽到樹下螃蟹不斷催促，一氣之下，順手摘了顆仍是青澀的大

柿子，往下用力扔。

只聽見樹下一聲慘叫，可憐的螃蟹不幸被堅硬的果子擊中，死了。

猴子慌慌張張跳下樹，四下張望，認為應該沒有目擊證人，連忙逃回家。

牠不知道，從頭到尾所有經過，都被路旁的幾顆栗子、一個大石臼與一堆牛糞看得清清楚楚。

過了許久，幾隻小螃蟹爬過來，正在找媽媽呢。一見到已經僵硬的媽媽，都大哭起來。

幾隻蜜蜂飛過來，嗡嗡嗡的安慰小螃蟹：「我們剛才停在樹上，看到傷害你媽媽的兇手了。是猴子！」

「沒錯！」「我也看見了。」「就是可惡的猴子。」幾個見證人也都生氣的呼應。還有個聲音說：「我們願意幫你去教訓猴子。」

只因為猴子平時太頑皮，不但會故意破壞蜜蜂的蜂窩，也會在石臼上撒尿。沒事更愛把地上的栗子踩得稀爛，還曾經取笑牛糞：「世界上的臭味冠軍就是你。」

小螃蟹忍著饑餓，心中滿滿的哀傷與憤怒。牠們邀請這幾位路見不平、拔刀相助的朋友，一起回家討論該如何讓猴子得到報應。

「當然要牠賠一條命！」蜜蜂們拍著翅，以一種正義使者的語氣高喊。

「不過……」石臼畢竟年紀大，看盡許多事，想法比較穩重。「如果我們也讓牠死，不就跟牠一樣可惡；牠的媽媽也會難過的。」

牛糞很老實，也說：「剛才猴子其實並非故意要害死螃蟹媽媽。一切只能說，就是很不幸、很不巧。」

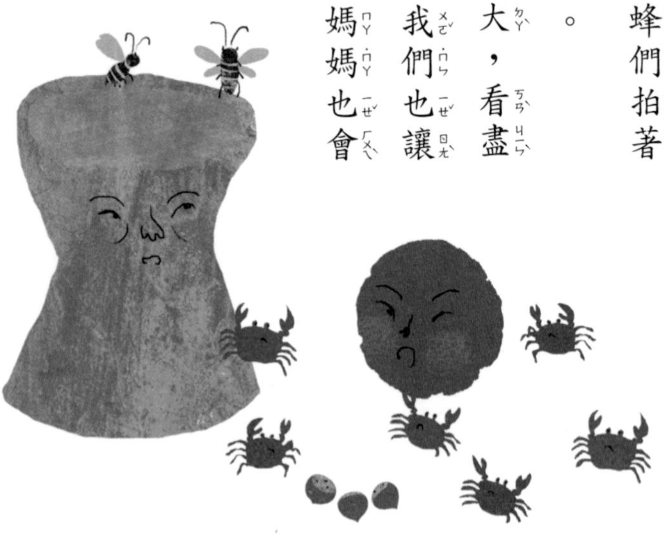

它將看到的經過，一五一十向小螃蟹們報告。含著滿滿眼眶的淚水，小螃蟹說：「我們好想念媽媽呀。雖然猴子不是故意害死媽媽，但也該為自己莽撞的行為付出代價，這樣以後才不會亂丟東西砸死人。」

計畫討論完畢，這群朋友決定分工合作，於是往猴子家的方向前進。

猴子無意中造成悲劇，心中既緊張又害怕。牠在路上亂走亂逛，不知道往哪裡去才好。黃昏已近，只能回家。牠低著頭，無精打采的回到家，打開門，根本沒發現家中早有埋伏。

牠點燃火爐，想燒開水。火燒旺了，幾顆躲在灰燼中的栗子往外爆裂噴出，打中猴子。「好燙！」牠連忙將手放入水桶中，想降溫解痛。「好痛！」躲在水桶底部的小螃蟹咬住牠的手不放。牠改將手放進味噌桶裡，藏在木桶邊的蜜蜂便飛出來叮了牠好幾個包。

「有鬼啊！」猴子又燙又痛，往門外衝；地上一堆牛糞害牠摔個四腳朝天。連聲慘叫中，屋頂卻又掉下一個石臼，砸中牠的腳。

「哎呀，我起不來，動不了啦。」

猴子痛得哭出聲來。

小螃蟹們也走過來，哭著問：「你為什麼要害死我們的媽媽？」

猴子抱頭痛哭：「我一整天都在懺悔啊。對不起，我會代替螃蟹媽媽照顧你們，替你們找食物。」

螃蟹媽媽在天上終於能放心了。

故事好郵趣

本篇故事據說流傳於江戶時期，明顯的主題是因果報應，也帶有「子孫為長輩復仇」的概念；但隨著時代演變，不鼓勵「以暴制暴」的報仇行為，所以在知名作家芥川龍之介改寫的版本中，還讓復仇之後的小螃蟹接受法律制裁呢（雖然他是以反諷的手法來寫）。現代人在面對這樣的「強勢或奸詐欺負他人」的不公義行為，應該有比較好的處理方式。

或許因為猿猴在生物分類上與人類近似，因此世界上不少民間故事都有牠的身影。在「猿蟹合戰」中，猴子是奸巧詐騙者，也受到懲罰；但是某些故事中，牠又成了人類好友。民間故事通常是現實社會的映照，不管猴子或人，總是有善有惡，有時善惡也無法絕對的二分法。

日本許多名勝地區見得到猴子，最有名的該是日本長野縣的雪猴。天寒地凍中，紅臉的日本獼猴，舒適的泡在溫泉中，是許多觀光客看不膩的有趣景觀；一九八九年長野縣曾經以此圖像發

圖10-1　1989年日本長野縣發行的雪猴泡溫泉郵票首日封，郵戳日期1.4.1，表示平成1年4月1日。而紀念戳上不僅有泡溫泉的猿猴，還有滑雪的人。（周惠玲收藏）

行郵票（圖10-1）。而日本逢猴年發行的生肖郵票（圖10-2），牠倒常是一副聰明的模樣呢。

圖10-2　1992、2004年日本猴年生肖郵票。（王淑芬收藏）

郵趣教室

郵信小百科

這些信封上的郵票不要剪

陳玉蓮、周惠玲

剛開始集郵的人，除了到郵局或集郵社買郵票之外，可能還知道一種不用花錢的集郵方式，就是去找郵寄過的信封，把貼在上面的郵票剪下來，清洗、風乾，分門別類放入集郵冊（圖11-1）。

這算是集郵的入門，在《有故事的郵票：臺灣囡仔古》那本書裡，也教過洗郵票的方法。不過，現在要告訴你進階的知識：有些信封上的郵票不要剪下來比較好哦。

首先，如果你拿到一封信，是好朋友寄來的，信封上的寄信人和收信人都書寫清晰，說不定還有漂亮的手繪插圖（圖11-2），或者是名人寄來的……像這樣的信封，本身就很有紀念意義，價值高於郵票本身，當然要完整保存。

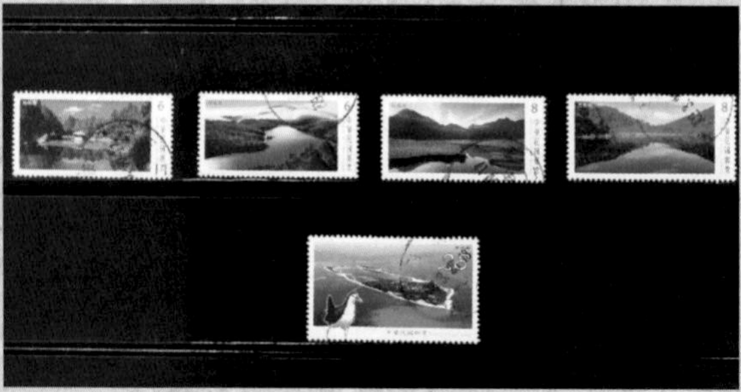

圖11-1　洗好的舊票分類放入集郵冊中。（陳玉蓮收藏）

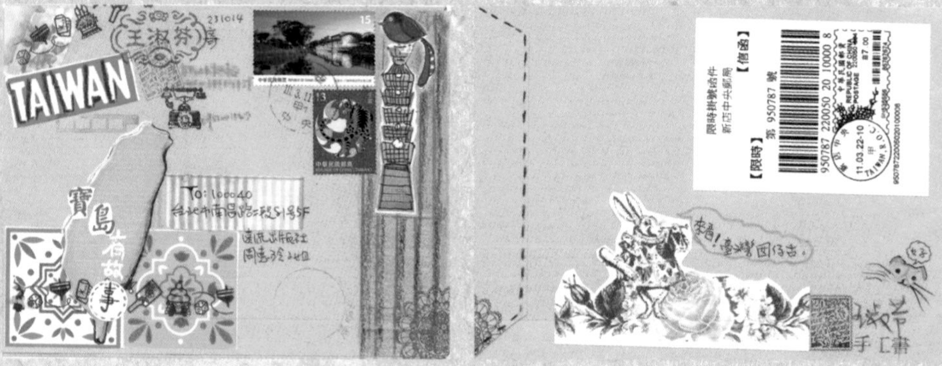

圖11-2　作家王淑芬寄給編輯周惠玲的手繪封。（周惠玲收藏）

第二種是首日封。很多人喜歡收集首日封，因為它不但有郵票，還有專為郵票主題設計的信封和發行首日的紀念戳。例如本書裡的故事〈竹取物語〉，就有一套首日封（圖11-3），上面除了全套三枚郵票之外，信封本身也印有這個故事情節的圖案，而郵票上的三枚紅棕色圓形紀念戳，不但有發行首日戳和地點，還有輝夜姬的圖案呢。這是集合了「票、封、戳」的收藏。而且信封中還夾附有這套郵票的說明文件，提供集郵者進一步研究。

關於首日封還有很多有趣的事情，我們以後

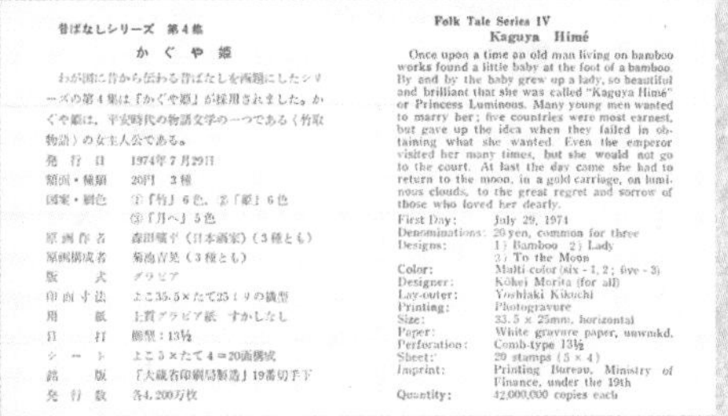

昔ばなしシリーズ 第4集

かぐや姫

わが国に昔から伝わる昔ばなしを画題にしたシリーズの第4集は『かぐや姫』が採用されました。かぐや姫は，平安時代の物語文学の一つである〈竹取物語〉の女主人公である。

発行日	1974年7月29日
額面・種類	20円 3種
図案・刷色	①「竹」6色，②「姫」6色 ③「月へ」5色
原画作者	森田曠平（日本画家）（3種とも）
原画構成者	菊池吉晃（3種とも）
版式	グラビア
印面寸法	よこ35.5×たて25ミリの横型
用紙	上質グラビア紙 すかしなし
目打	櫛型：13½
シート	よこ5×たて4＝20面構成
銘版	「大蔵省印刷局製造」19番切手下
発行数	各4,200万枚

Folk Tale Series IV

Kaguya Himé

Once upon a time an old man living on bamboo works found a little baby at the foot of a bamboo. By and by the baby grew up a lady, so beautiful and brilliant that she was called "Kaguya Himé" or Princess Luminous. Many young men wanted to marry her; five countries were most earnest, but gave up the idea when they failed in obtaining what she wanted. Even the emperor visited her many times, but she would not go to the court. At last the day came she had to return to the moon, in a gold carriage, on luminous clouds, to the great regret and sorrow of those who loved her dearly.

First Day:	July 29, 1974
Denominations:	20 yen, common for three
Designs:	1) Bamboo 2) Lady 3) To the Moon
Color:	Multi color (six - 1, 2; five - 3)
Designer:	Kōhei Morita (for all)
Lay-outer:	Yoshiaki Kikuchi
Printing:	Photogravure
Size:	33.5 × 25mm, horizontal
Paper:	White gravure paper, unwmkd.
Perforation:	Comb-type 13½
Sheet:	20 stamps (5 × 4)
Imprint:	Printing Bureau, Ministry of Finance, under the 19th
Quantity:	42,000,000 copies each

圖11-3 日本1974年「竹取物語」郵票首日封，附有說明卡。（周惠玲收藏）

再專門介紹。

再來說第三種值得完整收藏的信封，是銷戳上出現了特別的訊息。例如這封從大仁科技大學寄出的信（圖11-4），上面貼了熱帶魚的圓形郵票，「哇，好可愛、好特別！」但你千萬別急著剪，看仔細點，郵票的銷戳有個「代」字，這是指從代辦所寄出的郵件。「代辦所」是民間幫郵局代辦郵務的地方，數量比較少，而且寄信日（一〇八年七月一日）正是這間代辦所設立的首日，你說是不是保存整封比較好？

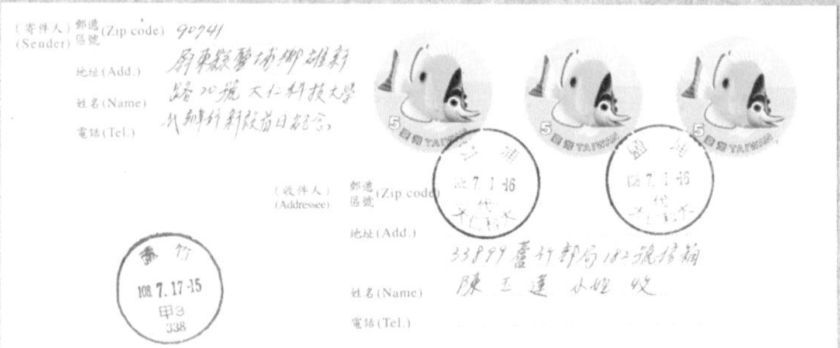

圖11-4　從大仁科技大學代辦所設立首日所寄出的信，銷戳上有「代」字。（陳玉蓮收藏）

除了代辦所之外，臨時郵局的銷戳也值得注意（圖11-5）。臨時郵局有點像是郵局為了某個活動（例如發行典禮），到沒有郵局的地點去擺設的快閃店，有時只開放幾個小時，對集郵愛好者來說，這當然很特別啦。

最後再來看一種罕見的信封，既不是首日封，通信雙方也不見得有名，可是信封上記錄了特別的郵路。所謂的「郵路」，就像是一封信的旅程紀錄，透過信封上的郵戳，可以看出這封信何時從

圖11-5　森林火車郵票首日封，銷蓋有發行典禮臨時郵局戳。（陳玉蓮收藏）

甲地寄出、何時到達乙地。有時因為投遞錯誤、地點偏遠或戰爭時期，無法直達，中間輾轉經過丙、丁……等地，這時信封上除了甲、乙兩地的郵戳，還會出現其他地點的郵戳（圖11-6），甚至有時還有郵差的手寫資訊。由於罕見，這種信封常被高價競標。

總之，下次當你看見舊信封上有喜歡的郵票，別急著剪，記得仔細多看幾眼，說不定整套信封留下來更有價值哦。

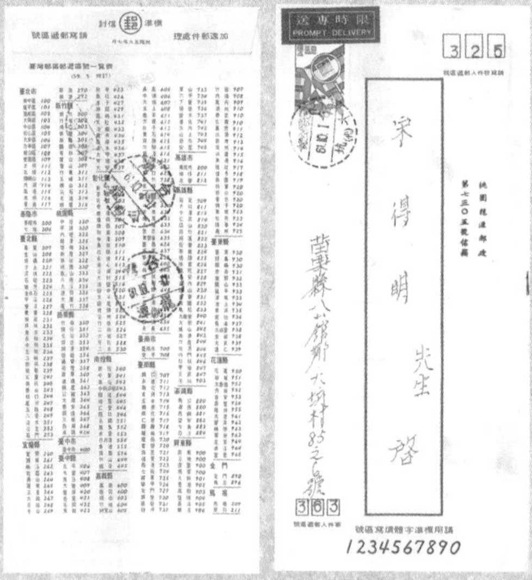

圖11-6　這套實寄封的印戳清晰，正面戳顯示：民國61年10月1日8點從大坑代辦所寄出；背面三個戳則看到：當天11點到公館郵局，15點到桃園郵局、17點抵達龍潭郵局。既見證當時郵務，又貼了集郵郵票，是一封值得收藏的好封。（何輝慶收藏）

郵戲動手做

郵票御守

王淑芬

臺灣旅客去日本旅遊時，可能會到寺院、神社參觀，說不定還會購買「御守」當紀念。御守的功能就像臺灣寺廟的香火袋，有庇佑之意，可以隨身攜帶或掛在特定地方，比如車內。

有些人主張，一次只能佩戴一家神社的御守，以免不同神明起衝突，但也有人說：神明很大方，願意互相支援，不會衝突啦。

現在，就算你沒去日本，也可以自己來製作御守，而且是獨一

無二，專屬於你的「郵票御守」。

方法很簡單，只要按照下面的步驟，並且選一枚圖案精美的郵票，貼在親手摺出的御守上，放入小卡片，寫上幸運文字或簡短祝福，就是自用或送給親友極有意義的小禮物。

蔡語潔（九歲）做郵票御守。拍攝／蔡暖暖

步驟：

1. 邊長15公分色紙（有顏色的爲正面，白色那面爲背面），上下對摺出中線，再打開。

2. 正面由下往上摺至中線，背面由上往下摺至中線。

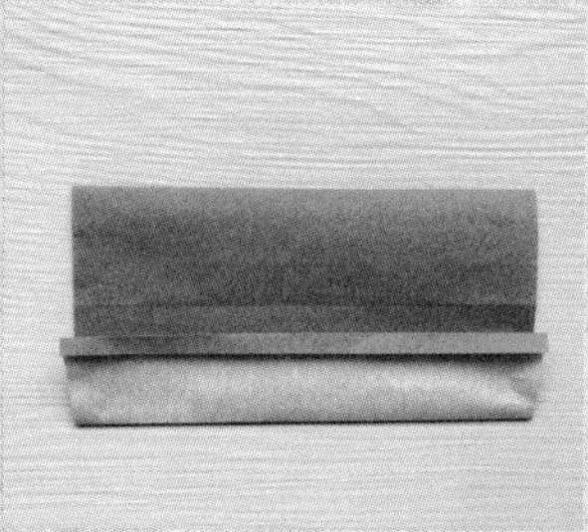

3. 正面由上往下摺約0.5公分。

4. 翻至背面，左往右、右往左各摺5公分。

5. 將右邊套入左邊下方的口袋內。

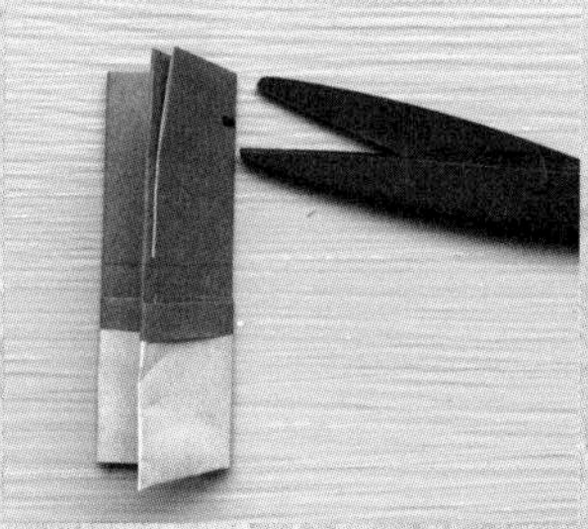

6. 上方約略對摺，剪開約0.5公分，兩層紙一起剪。

7. 準備一條30公分長毛線或緞帶，對摺，從正面穿入剪開的縫內。

8. 毛線尾端在正面先打死結，再打蝴蝶結。

9. 背面的左上角與右上角往下摺直角三角形，可塗膠固定。

10. 將郵票貼在正面下方的口袋上，只貼底邊約2公分高。

11. 準備小卡片，寫和畫好內容，放入口袋，就完成了。

作者後記

寫(ㄒㄧㄝˇ)俳(ㄆㄞˊ)句(ㄐㄩˋ)、賞(ㄕㄤˇ)郵(ㄧㄡˊ)票(ㄆㄧㄠˋ)

王淑芬

「昔話」一詞是日文漢字，指很久很久以前的故事。日本各地有許許多多的昔話，如果想快速認識最具代表性的日本昔話，不妨透過日本官方所發行的昔話郵票，因為官方所選擇的，一定是最有代表性、最受歡迎的故事主題。而且，這些昔話郵票設計得非常美麗，既有故事情節，又蘊含了文化背景，並且在方寸之間就能欣賞日本獨具風情的藝術格調。

臺灣與日本關係密切，不僅地理位置相近，長久以來在政治、經濟、歷史與文化上，更有深刻的相互影響。臺灣的小讀者可能會覺得，書中某些故事略有所聞，於是我在改寫

時，將焦點放在更具現代意識的文學手法，希望在古今對照的故事氛圍中，激發孩子更多思考。

比如〈讓枯木開花的爺爺〉這篇昔話，它原本的結局是老爺爺因此賺大錢；但我認為這篇昔話的價值在於人與動物之間的關懷，所以不強調金錢，改成讓老爺爺看見花開如見心愛小狗的深厚感情。

有趣的是，不少日本昔話主角都是膝下無子、孤單的老夫妻，讀者們也可以想想，為何有這一現象呢？是因為日本人比較長壽，因而誕生許多以老人家為主的故事，還是因為孤寡老人需要救濟和關注，所以必須經常出現在故事中來提醒民眾？

日本人喜愛寫信，還訂定每年七月二十三日為「寫信日」，並發行以寫信為主題的郵票；一九八二年發行的「寫信日」首日封（圖13-1），是潔白海鷗捎來親切問候的信件呢。日文中還有「郵趣」一詞，指的便是收集郵票、明信片、郵戳、參與各類與郵務相關的嗜好，藉此喚起更多

圖13-1　1982年7月23日發行的「寫信日」郵票與首日封。（王淑芬收藏）

寫信交流的美好行動。

歷年來日本所發行的郵票，不僅有浮世繪等傳統藝術，也有現代創作的繪本、動漫與影視節目，讓我深深感受到日本對於自己國家古、今文化大力推動的熱情與使命感。此外，日本名山富士山也常是發行主題，比如一九九七年「靜岡縣，晚秋的富士山」郵票（圖13-2），有種夕陽無限好的氣氛。

在這本書中，每篇故事的開頭，都有一首我的

圖13-2　1997年「靜岡縣，晚秋的富士山」郵票。（王淑芬收藏）

俳句創作，希望讓大小讀者更能領略日式風味。俳句是日本最具代表性的文學形式，常以三行詩（五個字音、七個字音、五個字音），言簡意深的寫出景色與心情。日本最知名的俳句詩人是「松尾芭蕉」，一九八七年日本曾陸續發行十集共四十枚的「奧之細道」郵票（圖13-3），來紀念這位俳句大師。《奧之細道》是松尾芭蕉的名著，裡頭就有許多他所寫的俳句。

其中有一首俳句〈古池〉：「閒寂古池旁　青蛙跳進水中央　噗通一聲響。」就採用「五、七、五」字音；詩句表現出安靜中忽然一聲噗通，以聲音帶出動感。

寫俳句是有趣的文學練習，寫信則充滿情感，並具有社會意義。如果有興趣，不妨試著在書信中寫上俳句，加上簡單插畫，寄給親朋好友。

俳句的寫法如下：

1. 在心中醞釀出一句具有詩意的文字，將它分成三行。你可以依照傳統，剪裁

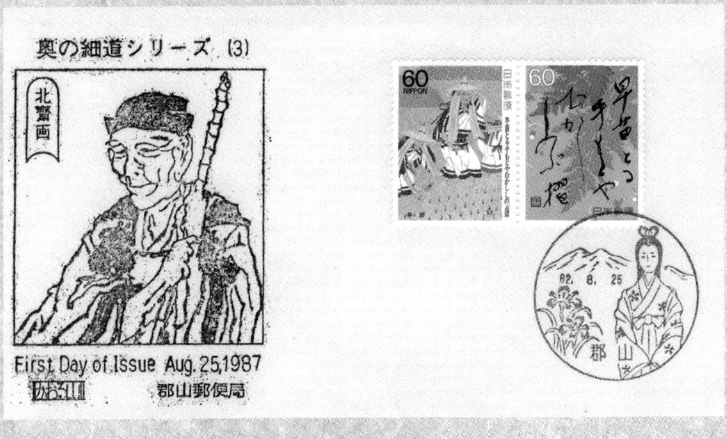

圖13-3　1987年發行的奧之細道系列郵票第三輯的首日封，圖案取自葛飾北齋所繪的「松尾芭蕉」畫像。（王淑芬收藏）

成五字、七字、五字。不過，也有人主張，只要符合「短、長、短」的形式即可，並不一定非得遵照「五、七、五」的格式。而且俳句跟漢詩不同，不需要講求押韻。

2. 俳句的主題可搭著季節、環境、事件等，但重點在抒發心情，所以要寫出自己的感受，盡量採「象徵」手法。所謂「象徵」手法，就是不明說，而是用暗喻的。你在初期練習的時候，把感情直接寫出來也可以。

3. 以〈白鶴報恩〉為例：「絲絲與線線　織出滿天光與亮　飛翔啊飛翔」詩句中表達，白鶴織出來的是滿天光亮，以此來比喻飛翔時的寬闊心情，以及對善良老夫妻的感謝。

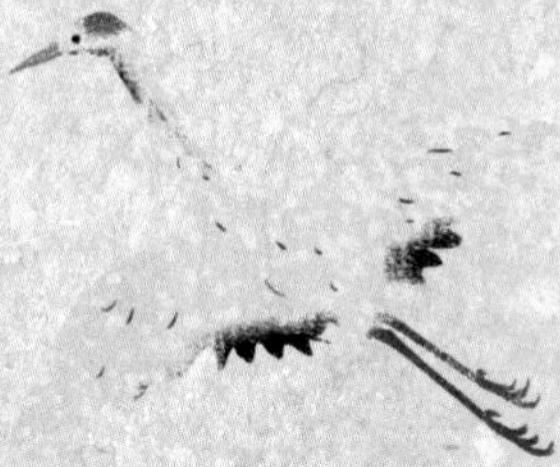

下次你有機會到日本旅行，走進郵局，買幾枚郵票，寄回臺灣給自己。多年以後，見到這些貼著郵票的舊信件，回想異國旅遊，豈不是一種簡單又有意思的紀錄？若能藉著收集有故事的日本郵票，來深度認識這個國家，更是結合文學、美學與史學的豐富學習。

Q82004

有故事的郵票 4 日本昔話與俳句

故事作者 —— 王淑芬
故事繪圖 —— 阿力金吉兒
郵信小百科 —— 陳玉蓮、周惠玲
郵戲動手做 —— 王淑芬

編輯總監 —— 周惠玲
校對 —— 呂佳真、董宜俐
封面與拉頁設計 —— 黃子欽
內頁設計 —— 黃淑雅

發行人 —— 王榮文
出版發行 —— 遠流出版事業股份有限公司
104005 台北市中山北路一段11號13樓
郵撥：0189456-1　電話：(02)2571-0297
傳真：(02)2571-0197
著作權顧問 —— 蕭雄淋律師
輸出印刷 —— 中原造像股份有限公司
平裝版初版一刷 —— 2022年9月1日

YLib遠流博識網　http://www.ylib.com　Email: ylib.com
遠流粉絲團　http://www.facebook.com/ylibfans

定價 新臺幣370元
ISBN 978-957-32-9665-2

國家圖書館出版品預行編目（CIP）資料

日本昔話與俳句 / 王淑芬說故事；阿力金吉兒 繪圖．
--初版. -- 臺北市，遠流出版事業股份有限公司，
2022.08　面；　公分-（有故事的郵票；4）

ISBN 978-957-32-9665-2(平裝)

1.CST: 郵票 2.CST: 民間故事 3.CST: 日本

557.64631　　111010509